FAMÍLIA   VIAGEM   GASTRONOMIA   MÚSICA   **CRIATIVIDADE**
& OUTRAS LOUCURAS

Caroline Cintra e Gabriela Guerra

Juntas

O PODER DA LIDERANÇA COMPARTILHADA NOS NEGÓCIOS

Biblioteca ThoughtWorks
Coleção Coragem

Belas Letras + ThoughtWorks

© 2018 Caroline Cintra e Gabriela Guerra

Uma mensagem assustadora dos nossos advogados para você:

Nenhuma parte desta publicação pode ser reproduzida, armazenada ou transmitida, sem a permissão do editor.

Se você fez alguma dessas coisas terríveis e pensou "tudo bem, não vai acontecer nada", nossos advogados entrarão em contato para informá-lo sobre o próximo passo. Temos certeza de que você não vai querer saber qual é.

Este livro é o resultado de um trabalho feito com muito amor, diversão e gente finíce pelas seguintes pessoas:

Gustavo Guertler (edição), Fernanda Fedrizzi (coordenação editorial), Germano Weirich (revisão), Celso Orlandin Jr. (projeto gráfico), Mariana Valente (capa), Cris Lisbôa (preparação de texto e edição de texto) e Natália Menhem (desenvolvimento de projeto)

Obrigado, amigos.

Foto da quarta capa: Alexandre Rezende

2018
Todos os direitos desta edição reservados à
Editora Belas Letras Ltda.
Rua Coronel Camisão, 167
CEP 95020-420 – Caxias do Sul – RS
www.belasletras.com.br

Dados Internacionais de Catalogação na Fonte (CIP)
Biblioteca Pública Municipal Dr. Demetrio Niederauer
Caxias do Sul, RS

C575j	Cintra, Caroline
	Juntas : o poder da liderança compartilhada nos negócios / Caroline Cintra e Gabriela Guerra. - Caxias do Sul, RS : Belas Letras, 2018.
	144 p.
	ISBN: 978-85-8174-457-5
	1.Administração de pessoal – Liderança. I. Guerra, Gabriela. II. Título.
18/60	CDU 658.3:316.46

Catalogação elaborada por
Maria Nair Sodré Monteiro da Cruz CRB-10/904

Biblioteca ThoughtWorks. Coleção Coragem.

"Você deve agir como se fosse possível transformar radicalmente o mundo. E você deve fazer isso o tempo todo."

Angela Davis, filósofa, ativista e Pantera Negra.

*Panteras Negras: grupo surgido nos EUA, nos anos 60, para contestar o racismo, lutar pelos direitos da população negra e protegê-la da violência policial.

Sumário

8....... Apresentação

10....... Prefácio

13....... Introdução

17...... Capítulo 1
Você é seu próprio lar

31...... Capítulo 2
O que é ser líder?

41...... Capítulo 3
Time

55...... Capítulo 4
A base da produção de pensamento

63...... Capítulo 5
Juntas

75...... Capítulo 6
A humanidade das coisas

87...... Capítulo 7
Ambiente diverso é ambiente de inclusão

101...... Capítulo 8
Um passo que deu errado

107...... Capítulo 9
O que aprendi

123...... Peraí
Ainda não acabou

137....... Agradecimentos

Apresentação

O texto de Carol e Gabi traz amor e coragem: amor pelas pessoas com ideias e jeitos diversos, que buscam construir um mundo mais justo e inclusivo. Coragem para admitir não saber e pedir ajuda; coragem para colocar em prática ações coerentes com seus valores; coragem para errar e, como dito por elas, errar cada vez melhor; coragem para trabalhar de fato juntas, enfrentando o desconforto de discordar com transparência e sinceridade.

Em sua jornada de liderança compartilhada, Gabi e Carol deixam claro como valorizam as diferentes perspectivas que as pessoas têm sobre o mundo e mostram como cultivam a cultura de colaboração e desenvolvimento das pessoas na ThoughtWorks. Elas também deixam claro que dá trabalho e que vale muito a pena.

A organização liderada por elas é fluida, orgânica, responde às mudanças de contextos internos e externos. E em meio ao turbilhão pós--moderno no qual estamos todos inseridos, Carol e Gabi relatam a importância da reflexão para o exercício da liderança, do parar para dar sentido ao presente e pensar no longo prazo, porque sem isso as necessidades urgentes do dia a dia podem dragar as melhores intenções.

Neste livro e em suas escolhas, Carol e Gabi mostram que com amor e coragem as organizações podem ser melhores: para as pessoas, para os negócios e para a sociedade.

Ana Pliopas, Doutora em Estudos Organizacionais, Master Certified Coach, professora na EAESP/FGV e sócia do Hudson Institute of Coaching Brasil.

Prefácio

Alguma coisa está fora da ordem, fora da nova ordem mundial.[1] Com isso, outras formas de se liderar um negócio estão surgindo. Em salas de reunião espalhadas pelo mundo afora, novas vozes se levantam. Com o conhecimento redimensionado, já não existem decisões unilaterais, as lideranças baseadas em autoritarismo perderam o sentido (algum dia tiveram?) e, sobretudo, as cartilhas de certo e errado deixaram de existir.

Em 2015, em meio a este cenário e enquanto o país entrava em uma de suas piores crises políticas e econômicas da história recente, nos tornamos diretoras-presidentes da ThoughtWorks, multinacional especializada em desenvolvimento de software.

Você leu certo.

Nos tornamos.

Diretoras-presidentes.

Juntas.

Uma configuração pouco usual se comparada às histórias que costumamos acompanhar sobre pessoas à frente de organizações. Aliás, quando participamos de discussões, lemos sobre gestão e estratégia, revisamos histórias icônicas, vemos que esse é apenas um aspecto peculiar dessa trajetória, em que descobrimos na prática o real significado de liderança em uma organização inovadora e em rápido crescimento, ao mesmo tempo que aprendemos a caminhar lado a lado e colaboramos para que o número de Twers[2] passasse de 350 para 540, e que o faturamento no Brasil aumentasse 51% no primeiro ano de gestão.

Sin perder la ternura. Jamás.

---

1 *Refrão da música "Fora da Ordem", de Caetano Veloso.*
2 *Abreviação para "ThoughtWorkers": pessoas apaixonadas por software e pela criação de um ecossistema socialmente responsável e economicamente justo.*

Abrimos mão de muitas certezas absolutas. Sobretudo, de buscar consenso em todas as divergências, porque a multiplicidade de ideias e pensamentos é fundamental em um ambiente realmente transformador. Também aprendemos. Privilégio, inclusão, consciência. Jeitos possíveis de promover ainda mais o bem do coletivo.

Descobrimos como trazer o conflito pra mesa, mostrá-lo, sorrir pra ele com irreverência, e com isso construir um caminho coletivo, muito mais consciente e produtivo.

Durante a caminhada, descobrimos que errar é parte do processo. Recomeçar também. Que ao falar sobre nossas inseguranças e erros, especialmente enquanto líderes, mostramos: todo mundo pode errar. Que isso mexe com nosso ego, exige que a gente volte e arrume a bagunça, levante e tente de novo, quantas vezes forem necessárias. Nunca é fácil. Ninguém disse que seria, né?

Percebemos que nosso modelo de liderança é sermos reais. Que Caetano estava certo. "Respeito muito minhas lágrimas. Mas ainda mais minha risada."

Por tudo e tanto, aqui estamos.

Escrevendo esta trajetória para transformá-la em um ponto de acolhimento no mercado executivo, engrossar o coro das pessoas que, todos os dias, ousam dividir seus aprendizados, dispostas a conversar.

Com você.

Somos gratas por essa honra.

Carol Cintra e Gabi Guerra

Introdução

Tomar inúmeras decisões difíceis, cujo impacto nem sempre seria visível, óbvio ou observável no curto prazo, e fazer tudo isso em dupla, é se tornar demasiadamente humana. Porque paralelo a esse compartilhamento de responsabilidades, há sempre o desafio de entender e aceitar o ponto de vista uma da outra, o que quase nunca é simples. Só que o ambiente à nossa volta sempre teve muito a nos ensinar.

A missão da ThoughtWorks é melhorar a humanidade através do software e ajudar a gerar um ecossistema socialmente responsável e economicamente justo. A busca dessa missão se apoia em três pilares:

1. Gerir um negócio sustentável.
2. Promover a excelência de software e revolucionar a indústria de tecnologia.
3. Advogar apaixonadamente em prol da justiça social e econômica.

Nós duas nos identificamos pessoalmente com esses valores. Assim como a empresa, também somos apaixonadas pela busca do novo, a diversidade, o questionamento do status quo, a excelência no serviço, a construção de uma sociedade melhor e mais justa para o maior número possível de pessoas através da tecnologia. Isso foi determinante. Durante a rotina, nos problemas reais que aprendemos a identificar e resolver, nos moinhos de vento que vencemos e também nos menores atos para garantir que objetivos fossem atingidos, lutamos por espaço pra mudança e pro pensamento coletivo. Ao mesmo tempo.

DEMASIADAMENTE HUMANA

Expressão que vem de "Humano, demasiado humano, um livro para espíritos livres."

Obra do filósofo Friedrich Nietzsche, publicada em 1878 com estudos e pensamentos sobre filosofia e o nascimento da ciência.

MOINHOS DE VENTO

O livro "Dom Quixote de La Mancha", de Miguel de Cervantes, é paródia e uma crítica aos livros de cavalaria publicados na época (1605), que não convidavam o povo a pensar. Logo no início, Quixote se depara com mais de 30 gigantes. Sancho Pança, seu fiel escudeiro, explica que são moinhos de vento. Não convencido, ele ataca. Quantas vezes nós combatemos moinhos de vento até aprender a enxergá-los?

Capítulo 1
Você é seu próprio lar[3]

"LIBERDADE É AQUILO QUE VOCÊ FAZ COM O QUE ACONTECEU COM VOCÊ."

Jean-Paul Sartre, filósofo que acreditava em intelectuais com papel ativo na sociedade.

Nós.

Memórias não são o resumo de uma vida. São janelas. Por isso, contar nossa história individual não é só, de certa forma, vivê-la de novo, é também dar diferentes significados para o que foi vivido até agora. É enxergar, no que foi, o que é determinante pro que é.

> "Se tivesse de escolher entre The Doors e Dostoiévski, eu – é claro – escolheria Dostoiévski. Mas é preciso escolher?"
> *Susan Sontag, filósofa e ativista dos Direitos Humanos.*

Gabi Guerra

Sentada no balanço do jardinzinho nos fundos da casa dos meus avós, ouvia meu avô falar sobre buracos negros no universo.

Se fosse possível resumir minha infância, seria nesta imagem. Filha de pais separados desde sempre, vivi com uma malinha, pra lá e pra cá.

3 Você é seu próprio lar: trecho da música "Triste, louca ou má", da cantora e compositora Juliana Strassacapa, da banda Francisco, el hombre.

Todo dia meu avô me levava pra escola. De Rider e meia, todas elas furadas no dedão. Aos 84 anos, este senhor que também foi o décimo primeiro médico do Rio Grande do Sul decidiu escrever um livro sobre cibernética – onde falava sobre a importância da ciência pra sociedade e de como é preciso de ética quando pensamos em novas tecnologias. Ao seu lado, minha vó falava de livros, enquanto me ensinava a viver. E eu crescia.

Crescia ouvindo meus pais falarem que "dar certo" era ser feliz. Que não importava o que eu decidisse fazer da minha vida, se eu estivesse feliz, eles estariam orgulhosos. Também estudei em bons colégios particulares e fiz intercâmbio com 15 anos. Com 16 anos entrei numa universidade (também particular), pra estudar psicologia. Fiz estágio não remunerado desde o primeiro semestre, pois sempre quis aprender mais e não precisava levar dinheiro pra casa, então pude fazer isto: estágio pra aprender.

Tudo isso é um imenso privilégio.

Acredito que seja importante ressaltar isso.

Pessoas como eu – brancas, com acesso à educação formal desde sempre e apoiadas por uma família emocionalmente estável – mesmo passando por momentos difíceis, ainda têm mais chances de se tornarem líderes.

Porque vivemos em um sistema cruel e extremamente desigual. Quase não há mobilidade social (quem nasce pobre dificilmente morre rico, e vice-versa), ao mesmo tempo em que se usa de um discurso perverso de que "é só querer e se esforçar".

Não, não é.

E precisamos parar de reproduzir uma mentira prejudicial para toda a sociedade, capaz de impedir que alguns ciclos se encerrem, e altamente castradora de sonhos e autoestima.

Aproveito e faço aqui um convite.
Reconheça seu privilégio.
E comece a tomar atitudes pra que ele se torne o comum.

Estudei três anos de psicologia, e nesses três anos eu participei de um grupo de iniciação científica, estudando aprendizagem e metacognição, fiz estágio em uma clínica em que trabalhava com crianças e adolescentes com psicopatologias graves que residiam em abrigos do Estado, e trabalhei em uma clínica de reabilitação para pessoas com dependência química. Amava. Mesmo assim, nunca consegui me ver psicóloga.

Durante a faculdade, tive depressão. Pra mim era muito difícil seguir na faculdade enquanto estava deprimida. Pensava que psicólogas tinham sua saúde mental intacta. Um pensamento muito distante da realidade, que fazia com que eu me sentisse uma farsa. Infelizmente, saúde mental ainda é um tabu enorme na nossa sociedade, e há muita desinformação. Depressão é uma doença, que precisa ser tratada com seriedade – como tantas outras. Ter passado por isso me fez perceber o que muita gente ainda acha: a pessoa só tem que querer ficar boa, sair dessa e ser feliz. É uma ignorância gigante acerca do assunto, que acaba sendo expressa através de frases cruéis como esta: "Poxa, você tem que querer ficar bem".

Quem não quer, né?

No meio de tudo isso, larguei a faculdade de psicologia e fui fazer administração de empresas. Odiei. Mesmo assim, me formei. Meu primeiro emprego com carteira assinada foi como operadora da bolsa de valores. Depois disso trabalhei com muita coisa: marketing digital, recursos humanos, gestão de projetos e educação. Minha carreira não foi nem um pouco linear. Tive diferentes experiências e recomecei muitas vezes. Fui aprendendo a aprender. Sempre envolvida com questões sociais, questionamentos sobre meu papel no coletivo. Em 2011 me juntei com alguns amigos e resolvemos criar um grupo pra falarmos sobre política. Tínhamos alguns sonhos ambiciosos como o de levar educação política pras escolas, como parte do currículo. Resolvemos começar com o que tínhamos próximo de nós: as eleições municipais que estavam chegando. Em ano de eleição as pessoas cansavam de ouvir sobre política. Fizemos algumas pesquisas, conversamos com pessoas na rua e tivemos a ideia de criar uma plataforma que explicasse um pouco mais sobre as competências de cada cargo e que tivesse as propostas de cada candidata/o pras eleições – incentivando as pessoas a se envolverem mais nesse processo.

Organizamos um crowdfunding e conseguimos o dinheiro pra desenvolver a plataforma. Só aí descobrimos que os orçamentos eram altíssimos. O funcionário de uma empresa de tecnologia que eu nem conhecia (olha só, chamava ThoughtWorks), entrou em contato, querendo saber mais sobre a ideia. Fomos lá e apresentamos. Pra mais de trinta pessoas que decidiram nos ajudar.

Elaboramos a plataforma em pouquíssimo tempo, com esforço de muita gente. Sempre vou lembrar desse momento com muito amor. Aprendi muito nessa época: sobre política, sobre desenvolvimento de software, sobre o poder do coletivo e sobre mim.

Depois que lançamos a plataforma, a TW entrou em contato comigo: "Não sabemos bem o que tu poderias fazer, mas queremos pensar em alguma forma de te contratar". E aí foram muitas conversas e estudo. Era um mundo novo pra mim. Estudei o que pude e entrei na empresa como analista de negócios. Foram muitos meses de extrema insegurança. Tive a sorte de ter pessoas como o Rômulo e o Froes perto de mim. Os dois são desenvolvedores e já trabalhavam na TW havia algum tempo – e não tinham nenhuma obrigação formal de me ensinar nada. Mas me ajudaram absurdamente e fizeram com que eu não tivesse vergonha de perguntar coisas que eu achava que eram bobas. Eu perguntava sem parar e pedia muita ajuda, e ainda assim não me sentia burra.

Sair de uma empresa onde me sentia confortável, onde ajudava outras pessoas e onde eu via que o que eu fazia trazia muito resultado e ir pra um lugar onde muitas vezes eu nem sabia por onde começar foi muito desafiador. Demorei muitos meses pra me adaptar. Nesse tempo, fui para a ThoughtWorks University, um programa da TW para pessoas que entram, em geral, sem ter muita experiência ainda. Fui para a Índia e passei 6 semanas lá. Aos 27 anos, era de longe a pessoa mais velha da turma.

Com menos de um ano de empresa, fui convidada para assumir a liderança do terceiro pilar, o de justiça econômica e social. Com isso, entrei para o time de liderança da TW Brasil. Precisei aprender sobre o negócio. E buscar um entendimento de como o conhecimento interno para desenvolver um software poderia apoiar iniciativas externas que buscassem diminuir as desigualdades sociais e econômicas, além de tentar obter também diversidade e inclusão.

Ao lado de muitas pessoas, descobri que a tecnologia é apenas uma ferramenta, muito poderosa diga-se de passagem, capaz de potencializar possibilidades de resolver problemas. Nunca sozinha. Precisei me desafiar a desaprender e ter coragem pra enxergar meus próprios preconceitos. Para quebrá-los. Também abri mão de questões pessoais, descobri como lidar com muitos stakeholders[4] diferentes, entendi como criar alinhamento e ter conversas difíceis.

Aprendi a ser eu.

E pensar que tudo começou quando um avô apresentou os livros do Stephen Hawking pra uma menina de nove anos.

---

4 *Termo bastante utilizado em gestão de projetos, na identificação de pessoas escolhidas para conduzir o trabalho até o alcance dos resultados.*

> "A pessoa que realmente precisa te aceitar é você mesma. Eu descobri que parte da minha identidade é dizer 'não' para as coisas que eu não quero fazer."
> *Lady Gaga, cantora e revolucionária.*

Carol

Se tem algo que me define, é uma crença sem tamanho na outra pessoa, na força que ela tem, no amor que ela tem pra dar, e uma vontade na mesma medida de fazer parte do caminho que a leva a achar a sua força e o seu amor.

O conteúdo é mais importante que a forma, o sonho é maior que as possibilidades pré-existentes. Aprendi com a minha mãe, professora de séries iniciais e adepta da teoria construtivista. Quem já acompanhou uma criança aprendendo a escrever seguindo o construtivismo sabe que é uma experiência surpreendente. As primeiras palavras são ilegíveis, conjuntos de letras que não nos dizem muito. Com o tempo, começam a "descobrir" as palavras, que vêm cheias de erros gramaticais. A organização do texto também é "livre", ou seja, não existe, a criança dá foco ao conteúdo muito mais do que à forma. Depois de algum tempo, a articulação dos textos evolui ainda mais, e o que a gente vê são textos poéticos, inspiradores, crianças pequenas expondo a sua visão de mundo, com toda a riqueza de pensamento, sem necessidade de cópia, sem restrições. Formatar, corrigir a gramática, entender o que é possível fazer no primeiro passo – coisas importantes, mas não devem restringir uma ideia à partida.

Foi assim que entendi pra sempre: criar não pode ter restrições, cada um tem muito a ensinar com a sua perspectiva das coisas e é preciso amar a liberdade de pensamento.

Levei tudo isso pra vida.

E olha como me ajudou!

Meu pai é militar. Na prática, significa que nos mudávamos a cada dois anos. Isso me fez conhecer o Brasil de um jeito diferente, adotar pedacinhos de culturas variadas, conhecer os mitos, as músicas, as expressões, as brincadeiras e os jogos de cada lugar. Também me fez aprender a chegar em um lugar como forasteira e ir, aos poucos, me tornando parte; a receber forasteiros e torná-los parte – da turma, da cidade, de mim. Me fez aprender que sempre vale a pena construir – uma história, um laço, uma amiga – mesmo que depois a gente vá embora; que ir embora dói, mas a gente sobrevive; e que essas construções – de histórias e laços – não se desfazem por conceitos como geografia ou temporalidade.

Depois de três testes vocacionais que apontaram Direito, acabei escolhendo Computação – um certo verão brincando com o primeiro computador que vi na vida, na casa dos dindos, fez nascer a paixão. Meus primeiros anos na Universidade Federal de Santa Maria fizeram com que eu questionasse a minha aptidão pra ciência da computação. Parecia que eu estava sempre "correndo atrás", e depois de ingressar tão bem colocada, pela primeira vez eu vivia a experiência de não dominar todos os conteúdos, de ter algumas "notas baixas" (gente, essa expressão é jurássica e entrega totalmente o meu coração de nerd!) e, principalmente, de sentir que esse mundo da tecnologia ainda estava distante de mim. Eu vi a internet se tornar comercial, as gigantes tecnológicas se alternarem, os provedores parecerem a ideia mais empreendedora do mundo – e vi tudo isso acontecer como se não tivesse nada a ver com o meu mundinho gerado pela biblioteca C++ do momento.

Foi no mercado de trabalho que me convenci: estava onde devia e merecia estar. Porque compreendi: o que unia tecnologia, consultoria e a minha essência era a vontade de resolver problemas que afetam a vida das pessoas. Assim, comecei como consultora em projetos de desenvolvimento de software e passei pelos mais diversos ambientes corporativos, de dezenas de pessoas a centenas de milhares de funcionários, com culturas organizacionais sobre as quais eu tive nenhuma ou muita influência, em negócios que eu conhecia muito pouco ou cuja estratégia eu ajudei a definir diariamente. E foram muitos e muitos e muitos clientes, grandes e pequenos, no Brasil ou no exterior, extremamente pioneiros ou com negócios estabelecidos há muitas décadas, todos com algum apetite pela mudança.

É impressionante olhar pra todas essas experiências e pensar no que eu aprendi com tantas pessoas – clientes, colegas, líderes, amigas – e com tantas realidades, oportunidades e problemas diferentes. Não existe resumo que faça jus a toda essa bagagem, fico com estes destaques: gente é o *ativo* mais importante, é preciso experimentar e também errar pra construir conhecimento e, pra voltar pro início desta longa conversa, a tecnologia é uma ferramenta chave de transformação da nossa era.

Não importa o tamanho da empresa.

Cheguei na ThoughtWorks em 2011, no meio de um processo de amadurecimento pessoal e profissional. Ao entrar, passei por uma *Des-construção*. O hífen eu inventei, porque *desconstrução* não dá espaço pro novo, destrói, põe no chão, é o fim. *Des-construção* mostra o que vem depois, o que é criado, o que é construído. Essa minha *desconstrução* representa um processo de questionar conhecimentos e criar uma nova leitura sobre o trabalho, sobre tecnologia, sobre sociedade – criar uma nova visão de mundo.

Do começo da minha carreira até aqui, eu precisei me desfazer de muitas certezas. Sabia tudo o que precisava estudar, sabia a minha opinião final sobre tudo no mundo, sabia o que precisava mudar na empresa em que trabalhava, sabia o que os meus clientes faziam errado, sabia como as pessoas da minha família deviam viver. Podia até ter algumas dúvidas sobre padrões de design de código ou escolhas de implementação em Java, não muitas. Quando entrei na ThoughtWorks, entendi que, na verdade, eu precisava deixar de saber. Só um pouco. Pra entender mais profundamente sobre metodologia ágil, construção conjunta e me abrir para vivências que amplificaram de modo irreversível a minha visão de mundo. Consegui reunir meu espaço profissional, minha experiência de vida, as pessoas que habitam comigo os eventos, as discussões de negócio, as poltronas de avião, os bancos de praça, os almoços de família, as reuniões de planejamento, os cafés e mesas de bar. Dentro de quem sou.

Perdoe o clichê, é a mais pura verdade: era tudo tão mais simples quando me questionava menos. Mas hoje, sou infinitamente mais eu mesma. Por um lado, me sinto pequena, às vezes esmagada por tanta coisa errada, sistêmica, endêmica, que tem uma força avassaladora sobre as possibilidades da vida – sistemas injustos, que vivem da desigualdade e do preconceito, e um controle da narrativa do mundo que parece tão fora das mãos da verdade. Por outro, vejo o poder da tecnologia, e o quanto ela pode ser construtiva ou destrutiva, dependendo de quem a exerce. E vejo o nosso papel decisivo, como tecnologistas, em sermos agentes de mudança na construção de novas narrativas, novos sistemas, novas realidades.

Talvez porque a teoria construtivista tenha razão. E minha mãe também. Estudar é transformador quando conseguimos aplicar novos aprendizados à realidade que nos rodeia – experimentar a teoria de forma pragmática e, com isso, refinar a teoria vendo os resultados desses experimentos. Livremente.

TEORIA CONSTRUTIVISTA

Desenvolvida por Jean Piaget, é uma corrente de pensamento que sugere que a criança deve participar ativamente do seu aprendizado, através de experimentação, estímulo à dúvida, convivência e pesquisa em grupo.

"NÃO ME IMPORTA MITAR OU LACRAR, PREFIRO HUMANIZAR E ABRIR."

Joana Burigo, mestre em Gênero, Mídia e Cultura, fundadora da Casa da Mãe Joana.

Capítulo 2

O que é ser líder?

Se você colocar "líder" no Google verá que, à primeira vista, quase todo mundo usa terno, é homem e tem certezas absolutas. Ainda é preciso aprofundar e refinar um pouquinho a pesquisa pra chegar em pessoas reais. Tipo a gente. Sem terninhos (você também leu calça jeans, cores e os sapatos sem salto?), mulheres que admitem errar bastante. Que pedem desculpa. Assumem não saber. Certas de que é preciso menos controle, mais consciência e que, se você encontrar em um elevador, pode nem imaginar que acabou de decidir algo que vai impactar na vida de mais de 600 pessoas espalhadas em diversas cidades do Brasil.

Então, como a gente está aqui?

Juntas.

Foi desse jeito que conseguimos acreditar que podíamos ser vistas como líderes, mesmo sabendo que não preenchemos os pré-requisitos óbvios.

Juntas.

Entendemos que força é aquilo que cada um tem pra dar. Por isso, tem relação direta com o entorno, com os outros. No entanto, aprendemos a associar força com vigor, poder, capacidade de machucar o outro se assim quiser. Quando alguém exerce um cargo executivo em uma empresa, por exemplo, tende a acreditar que palavras como *assertividade*, *ambição* e *competitividade* podem ser pontos de luz. Sem sequer imaginar que *intuição*, *colaboração* e *escuta ativa* podem levar a resultados superiores.

Quebrar esse ciclo óbvio não é uma coisa fácil.

Mas a gente faz isso todos os dias.

Juntas.

Aprendemos a nos expor, nos mostrar vulneráveis e abertas para aprendizados. A enxergar nossos erros e fraquezas, também o que temos de bom e valioso. Nos permitimos choro, sentimento, riso, paixão.

Claro que com o tempo a gente aprendeu a equilibrar melhor a intensidade dos sentimentos e a prontidão para demonstrá-los, levando em conta a situação. Em um discurso inspirador sobre o propósito da organização, tudo bem se rolar um choro de emoção. Em uma reunião crítica e extremamente frustrante, nem sempre. Sabe? A demonstração muda. A emoção permanece e transborda. O que pode inspirar ou desconcentrar. Depende do que você quer.

Você.

Líder.

Esta palavra finalmente sem gênero.

Abaixo, alguns tesouros do mapa que a gente mesmo desenhou:

———O Responsabilidade é bem diferente de culpa.

———O Liderança não é mandar.

———O Serenidade, transparência, confiança. É quase um mantra.

———O Vez em quando, é bom se perguntar: o que eu tenho que é importante neste ambiente?

———O Água mole em pedra dura tanto bate até que fura. Por que, então, achamos que temos que ser pedra?

SEM GÊNERO

Segundo a Organização Mundial de Saúde, gênero são "características socialmente construídas sobre mulheres e homens". Sendo assim, "sem gênero" (em inglês, *genderless*) significa sem identificação específica com os padrões de feminino e masculino.

Liderança no coletivo

Nós duas começamos uma parceria antes de sermos diretoras-presidentes, quando tínhamos a missão de dar mais um passo na evolução da cultura da ThoughtWorks. Uma como diretora de justiça social e econômica, outra como gerente do escritório, as duas lutando para que o ambiente à nossa volta fosse não só diverso como também inclusivo. Pra isso, queríamos que a nossa equipe representasse a demografia que vemos no Brasil, que todas as pessoas pudessem dar a sua máxima contribuição (crescendo com oportunidades iguais), e que trabalhassem e colaborassem entre si.

O que encontramos para unir todas essas pessoas foi um propósito único: o respeito a todas as pessoas, o reconhecimento das habilidades de cada um, a construção coletiva de resultados impactantes, o compartilhamento de lições aprendidas e de conhecimento.

Pois sabe aquela frase quase clichê do Jung? "Conheça todas as teorias, domine todas as técnicas, mas ao tocar uma alma humana seja apenas outra alma humana". Pra gente ela se aplica também ao mundo dos negócios. Pra liderar um negócio precisamos de um conjunto grande e complexo de conhecimento, desde noções contábeis, legais, noções financeiras, técnicas de negociação, tendências de tecnologia, modelos de gestão na complexidade e por aí vai. No entanto, no final você estará lidando com os problemas, dilemas e alegrias de outras pessoas, sejam elas suas/seus clientes ou que trabalham junto de você.

E aí as teorias importam menos e sua capacidade de se conectar importa mais.

Cada vez mais se fala em liderar por influência e não por autoridade, e claro que podem existir várias explicações pra isso. Acreditamos que uma delas é a descentralização do conhecimento. Com a internet, muitas das informações que precisávamos reter no cérebro ficaram a um clique de distância. O computador virou um HD externo do cérebro e isso mudou a forma como nos relacionamos com tudo. Informações, conhecimento, gente.

Aos poucos questionamos essa posição de alguém que tem todas as respostas ensinando quem não tem nenhuma, e passamos a pensar em construção coletiva de conhecimento – que passa por entender o que cada ser humano traz pra mesa.

Isso influencia completamente a forma como gerimos empresas. A figura de uma ou um chefe que tem todas as respostas cai por terra, e a figura de alguém capaz de engajar pessoas e inspirar se fortalece a cada dia. Fomos saindo de modelos de empresas ultra-hierárquicos para uma busca de novos modelos, que usam mais do conhecimento coletivo. Entendendo que cada pessoa é única e traz consigo uma bagagem enorme de habilidades e conhecimentos. Conseguir olhar pra essa pluralidade e tentar construir melhores cenários com ela parece muito melhor do que tentar colocar todas as pessoas em uma caixinha, o que tende a nos trazer resultados sempre iguais.

Esse tipo de liderança, que usa o poder do coletivo, exige novas habilidades de quem lidera. Exige estar mais ok com o erro, entendendo que ele é parte do aprendizado e da construção de algo novo. Exige um olhar atento pra/o outra/o, e uma ideia honesta de que cultura se está tentando criar naquela empresa. Exige sonhar alto e acreditar, junto de todo mundo, que dá pra chegar lá. E exige mostrar muito de si. Porque as pessoas se identificam e seguem seres humanos, não rochas. E todo ser humano tem qualidades e defeitos, é cheio de acertos mas também de erros, de medos mas também de vulnerabilidade.

Por sinal, *vulnerabilidade* vira uma palavra-chave nesse novo contexto. Se você buscar em diferentes dicionários, vai encontrar que o sinônimo de *vulnerabilidade* é *fragilidade*.

Não acredite nisso.

Vamos repetir.

Não acredite nisso.

Por gentileza.

Com você.

Com o mundo.

E nem somos nós que estamos pedindo isso.

> "Nunca ouvi uma pessoa atribuir sua alegria, seu sucesso ou sua plenitude ao fato de ser perfeito", diz Brené Brown, pesquisadora que ensinou a toda uma geração que a coragem é medida por quão vulneráveis conseguimos ser. E completa: "É preciso coragem para ser imperfeito. Aceitar e abraçar as nossas fraquezas e amá-las. E deixar de lado a imagem da pessoa que devia ser, para aceitar a pessoa que realmente sou."

BRENÉ BROWN

Professora de pesquisa na Universidade de Houston Graduate College of Work. Fundadora e CEO da The Way Daring, organização que traz o seu trabalho sobre vulnerabilidade, coragem, vergonha e dignidade para as organizações, escolas, comunidades e famílias.

Sabe por quê?

Não existe perfeição.

Só quando conseguimos abrir mão da ilusão de controle e da ilusão de que um dia seremos à prova de erros é que podemos alcançar resultados extraordinários.

A propósito, sabia que o David de Michelangelo, aquela escultura de mármore considerada uma obra-prima indiscutível da história da arte mundial, anualmente visitada por milhares de pessoas, tem mão direita desproporcional ao resto do corpo?

Como escreveu Clarice Lispector: "Até cortar os próprios defeitos pode ser perigoso. *Nunca* se sabe qual é o defeito que sustenta nosso edifício inteiro".

Atitudes concretas

- É impossível ter comprometimento sem manter um canal aberto de conversa.
- Fale a verdade. Mesmo quando a opinião, a resposta ou o diagnóstico não for positivo.
- Lembre a si e às pessoas ao seu redor que os erros existem pra ressignificar os acontecimentos.
- Se importe de verdade com a motivação das pessoas.
- Use comunicação positiva.
- Seja gentil.

Capítulo 3

Time

"A SALVAÇÃO HUMANA ESTÁ NAS MÃOS DOS DESAJUSTADOS E CRIATIVOS."

Dr. Martin Luther King Jr, ativista.

Somos mulheres absolutamente diferentes. E — perdoe o clichê — muito complementares. Temos formações distintas, experiências profissionais quase opostas, histórias de vida bem diferentes. Nossas referências e valores são muito parecidos. Um deles é a valorização obstinada do coletivo. Acreditamos que o bem maior, o que atingimos juntas, é a grande motivação pro trabalho de cada uma.

Com tudo isso, promovemos um time de liderança extremamente focado no resultado coletivo. O desenvolvimento pessoal de cada uma de nós é orientado pelas necessidades do time – e isso inclui todo tipo de habilidade: visão estratégica, conhecimento detalhado do negócio, domínio da visão financeira, facilitação, escuta ativa, habilidade de colaborar, transição da estratégia pra execução, etc.

E sim, a gente discute.

Afinal, não existe uma relação quando a gente não quebra uns pratos. Porque além de ser impossível concordar o tempo todo, se não há discordância é porque não há na verdade confiança pra discordar.

Diferente do que a gente pensava, não são as pessoas elogiadas que ficam mais próximas. São as que receberam feedback construtivo com o real intuito e vontade de vê-las crescerem e melhorarem. São elas, também, que nos ajudam a crescer. As discordâncias e conversas difíceis aproximam muito mais.

Isso não quer dizer que devemos ser críticas o tempo todo. Elogio é parte fundamental. É muito importante reconhecermos fortemente o que cada uma traz. Só não é a única parte importante.

NESSE PONTO, INCLUSIVE, SINTO QUE MUDEI MUITO NOS ÚLTIMOS ANOS.

Sempre digo que parear com a Carol mudou minha vida, não só de um ponto de vista de trabalho, mas mudou quem eu sou como pessoa. A Carol tem um dom de olhar pras pessoas e enxergar as fortalezas de cada uma. Ver o pontinho brilhante de cada ser humano. E isso é um dom mesmo, não sinto que muitas pessoas fazem isso de forma tão espontânea. Ela não enxerga o lado bom das pessoas porque se esforça pra enxergar, ela enxerga porque simplesmente vê. E estar do lado dela me fez aprender a olhar mais pra esse brilho, contrabalançando meu lado hipercrítico. Sinto que ela me mudou como pessoa porque esse exercício de olhar me mudou em todos os aspectos da minha vida, me permitiu criar laços mais fortes e sentir mais amor por todas as pessoas ao meu redor.

A ThoughtWorks me trouxe lentes novas
pra enxergar o mundo.

A Gabi chegou com essas lentes e uma desenvoltura natural
pra usá-las, e muita empatia, disposição e firmeza pra levar
as outras pessoas a olhar através delas. Tenho uma energia
infinita pra lidar com situações variadas e buscar o que
podemos fazer de melhor, faço um trabalho de formiguinha
pra ir mudando aqui e ali até que a gente consiga o melhor
possível de um sistema. A Gabi me ensinou que, às vezes, a
gente tem é que mudar o sistema todo, colocar tudo abaixo
e começar diferente.

A Gabi me ensinou a dar o melhor de mim e aí parar; me
ensinou que isso basta, que o que a gente faz e o que a
gente é basta. Sempre gostei de escutar os outros, de tentar
entender seus pontos de vista, e o contexto das ações de
cada um. A Gabi me mostrou que posso fazer isso também
comigo — analisar o meu contexto, por que eu penso assim,
o que me incomoda abaixo da superfície óbvia. Acho que
a minha maior lição na nossa liderança compartilhada foi
o autoconhecimento. Pra essa parceria dar certo, temos
que saber o que é meu e o que é da outra, o que é preciso
mudar e o que é preciso aceitar.

Sobre o cultivo do nosso time

Como acontece com todo time de liderança, as características da nossa empresa e da nossa forma de trabalho determinam as habilidades que as pessoas desse time precisam ter e desenvolver. A ThoughtWorks é uma empresa com pouca estrutura formal, com baixa hierarquia, e que cresce agressivamente desde a sua criação, há 25 anos. Além de promover muita autonomia em todos os níveis e áreas, também segue uma cultura onde se experimenta bastante, tanto em expertise técnica quanto em processos de trabalho.

Brilhar em ambientes de colaboração

Esse contexto demanda uma série de habilidades das nossas líderes. A falta de estrutura formal e de hierarquia aliada à grande autonomia exige das líderes uma capacidade acima da média de colaborar, de construir soluções em conjunto, de compartilhar contexto e ouvir opiniões que fundamentam decisões compreendidas e apoiadas pelo coletivo.

O orçamento dos escritórios é participativo, e as *Office Experience People* (administradoras dos escritórios, responsáveis pela experiência vivida por quem trabalha e visita cada escritório) facilitam a discussão e decisão sobre quais investimentos serão feitos em cada mês – almoços dedicados ao compartilhamento de conhecimento sobre temas variados, comemorações, reformas na infraestrutura, etc.

A revisão de performance de todas as pessoas da empresa, processo que resulta em decisões sobre reconhecimento e remuneração, envolve o time de cada pessoa, e representantes com visão de negócio e contexto de entrega a clientes, de excelência técnica e de justiça social e econômica.

A estratégia de tecnologia da empresa no Brasil é debatida por todas as pessoas tecnologistas da região, levando em conta a realidade de cada projeto, as tendências da indústria e as necessidades de mercado, além da visão global da empresa sobre essa estratégia.

Definir, planejar e executar processos como estes – orçamento participativo dos escritórios, análise de performance coletiva, construção da estratégia tecnológica com amplitude de visões – exige líderes que não só consigam lidar com ecossistemas colaborativos, mas que floresçam nesses ambientes.

Crescer a partir da experimentação

A cultura da experimentação permite que pessoas que nunca atuaram em determinado papel experimentem fazê-lo usando como base seu perfil, suas forças e suas experiências diversas. É assim que uma gerente de projetos de tecnologia passa a gerir um escritório e depois a unidade de negócios inteira no Brasil em pouco mais de um ano – essa é a Carol. É assim que uma administradora passa a analista de negócios, depois se torna líder de uma diretoria global e em seguida da unidade de negócios inteira no Brasil em pouco mais de um ano – essa é a Gabi.

É assim que a diretora do departamento jurídico passa a dirigir a área de recrutamento – essa é a Marta. Uma cientista social passa a diretora de marketing – essa é a Natália. E um desenvolvedor experiente com toda uma carreira em tecnologia passa a diretor de pessoas – esse é o Marcelo. São muitos os exemplos de pessoas que experimentaram áreas e papéis totalmente novos, e foram extremamente bem-sucedidas ao fazer isso.

O que é chave para experimentar com sucesso é medir resultados e saber quando pivotar, quando a experimentação acabou e é preciso partir pra outro caminho. No contexto da liderança, é preciso definir expectativas (coletivamente), dar apoio e acompanhar os resultados. Nós duas, Gabi e Carol, dirigimos a ThoughtWorks Brasil nos últimos 3 anos e vimos um crescimento considerável em receita e número de pessoas, 51% e 20% em 2017, respectivamente. A Marta e o time de recrutamento aumentaram em 4 a 5 vezes a capacidade de contratação de pessoas nos primeiros 6 meses de trabalho. A Natália e o time de marketing revolucionaram o posicionamento da empresa no mercado. O Marcelo e o time de pessoas criaram processos e formas de atuação que permitiram esse crescimento agressivo, com a evolução da nossa cultura sem a perda dos valores centrais da organização.

Pensar e atuar em escala

O crescimento agressivo vivido na empresa, aliado à cultura da colaboração, exige das líderes que mudem sua forma de atuar constantemente. Enquanto escrevemos este livro, em meados de 2018, a ThoughtWorks Brasil tem aproximadamente 600 pessoas; quando assumimos como diretoras, ao final de 2015, éramos cerca de 360. Os processos de planejamento, acompanhamento, análise de andamento de projetos e satisfação dos clientes, análise de dados financeiros, comunicação e tantos outros precisaram mudar profundamente para responder a essa escala. E nos esforçamos constantemente pra que essas mudanças aconteçam mantendo a essência colaborativa da empresa.

Originalmente, nós acompanhávamos o andamento de todos os projetos da empresa através de uma planilha de status, com a descrição breve de alguns aspectos como marcos de entrega, satisfação da cliente, time, entre outros. Hoje, cada conta tem uma estratégia de acompanhamento e crescimento, um fórum de discussão com diversos especialistas em diferentes perspectivas (clientes, entrega, time, finanças...) que se reúne com determinada frequência e analisa tendências, necessidades de ajuste da estratégia, apoios a serem criados, resultados obtidos, etc. A liderança da empresa no Brasil observa os padrões que emergem do andamento de cada conta e, com base nisso, fornece orientação e apoio para que as líderes das contas possam seguir com seu trabalho.

Liderar neste contexto é fazer, o tempo todo, esse exercício de pensar em escala, revisar formas de acompanhar e decidir, e criar a estrutura e o apoio necessários para delegação de atividades a novas líderes.

Como apoiamos o nosso time

Todas essas habilidades necessárias nas nossas líderes geram uma sinergia muito poderosa. Pensar e crescer em escala é muito mais fácil quando se aposta em delegação, autonomia e colaboração. Experimentar com base em resultados sólidos é uma forma tanto de promover o crescimento de novas líderes quanto de construir novas formas de trabalho que se ajustem à mudança e ao crescimento.

E, da mesma forma que esse contexto facilita algumas sinergias, também traz alguns desafios: é preciso responder ao crescimento, repensar formas de trabalho, experimentar novos papéis e atingir resultados audaciosos através da colaboração.

Nosso papel, como diretoras, é o de identificar e nutrir líderes que respondam a esses desafios.

Identificação de líderes com o perfil necessário

Nós buscamos, pra esses papéis, pessoas com potencial e desejo de desenvolver as habilidades exigidas pelo contexto da empresa, o que resulta em um time de pessoas com vontade de liderar através de colaboração, com foco no coletivo na busca por resultados, e abertura pra experimentar e mudar. Isso já cria, só pela composição, um time com possibilidades fora do comum: manter uma ligação muito especial com o propósito da empresa, com o que queremos deixar no mundo; ter discussões e ideias centradas nos desafios e oportunidades e não em egos ou agendas ocultas; ter uma disposição maior para falar sobre dúvidas ou inseguranças, já que o resultado final é mais importante do que a imagem pessoal; ter a inovação como resposta à mudança e ao crescimento.

Mas pra transformar todas essas possibilidades em ações concretas é preciso muito trabalho e dedicação.

Orientação do time

As pessoas do time precisam saber do contexto da empresa, das habilidades exigidas por esse contexto e dos motivos pelos quais vemos a ligação entre essas habilidades e o perfil de cada uma. Também precisam entender as nossas expectativas para a execução daquele papel – que resultados buscamos, que atitudes esperamos, que informações pretendemos dar e receber de cada uma. Essas expectativas precisam ser discutidas constantemente. Primeiro, porque discutir objetivos de alto nível é bem diferente de tomar decisões no dia a dia, e é preciso validar a interpretação de expectativas e resultados e discuti-la em conjunto. Segundo, porque elas mudam com a evolução de diversos aspectos da empresa. Há mudanças na macroeconomia, no cenário de negócios, na indústria de tecnologia e nas diversas indústrias das nossas clientes, nas orientações globais internas da empresa. Tudo isso precisa ser discutido no time de liderança, e estratégias, planos e expectativas precisam ser revisados na perspectiva do time e também individualmente.

Dedicação ao time

Precisamos de líderes que dividam conosco a tarefa nada fácil de melhorar a humanidade através do software, que comprem a nossa visão para a empresa no Brasil e trabalhem a cada dia em busca dos resultados dessa visão, que levem conosco a inspiração que move centenas de pessoas a colocarem sua energia no que estamos buscando. Por isso, precisamos nos dedicar à identificação e cultivo desse time.

Nós passamos, em média, 30% do nosso tempo nos dedicando ao time de liderança. Pelo menos uma vez a cada três meses temos conversas sobre a jornada de cada uma, quais seus objetivos, suas conquistas, seus aprendizados, os próximos passos. Em média a cada duas semanas conversamos sobre eventos do dia a dia, como cada uma tem tomado suas decisões e por quê, que apoios precisa, que problemas tem visto, como cada decisão se alinha com expectativas, qual o andamento da sua área, o que é preciso ajustar para melhorar, que hipóteses temos sobre uma estratégia bem-sucedida e como validar essas hipóteses. Ao discutir sobre tudo isso, falamos sobre que pessoas têm ajudado aquela líder, onde ela vê potenciais sucessoras e como ajudar essas pessoas a crescer.

Também temos nossas discussões conjuntas como time. A cada duas semanas, conversamos sobre nossos objetivos de curto e longo prazo, revemos nossa estratégia e as possibilidades de execução, falamos sobre objetivos de negócio e financeiros (portfólio de projetos, feedback de clientes, receita, lucro, custos), sobre visões de tecnologia e cultura, sobre metas objetivas, sobre utopias, e sobre os vários problemas e desafios da jornada.

Cerca de 3 a 4 vezes por ano, nos reunimos presencialmente (o time é distribuído nos nossos quatro escritórios). Nesses encontros, geralmente o primeiro dia é inteiramente dedicado à construção de time. Como a empresa é muito fluida, papéis mudam, pessoas novas chegam no time, pessoas passam a novas fases de vida profissional e pessoal e é sempre bom dar espaço pra cada um repactuar seus compromissos com o time, falar de si, de sua bagagem e identidade. Isso faz com que o time se renove, reconecte, encontre os laços umas com as outras.

Os demais dias incluem compartilhamento de contexto de todos os lados e uma revisão da estratégia da empresa no Brasil. Tudo com base no contexto compartilhado, tanto externo (macroeconomia, indústria, clientes, competidores) quanto interno (orientações globais, iniciativas da empresa, missão e visão globais). Construímos juntas nosso horizonte e a caminhada até lá.

O que nos faz dedicar tanto tempo e energia ao cultivo do time

Os desafios não são poucos pra este time de liderança, e toda a dedicação, atenção e carinho com cada pessoa são plenamente justificadas. Mas não é só por isso que temos tanto cuidado com o nosso time. A verdade é que nos sentimos realizadas ao fazer esse trabalho. Buscar uma conexão verdadeira com as pessoas em torno de um objetivo transformador é parte de quem nós somos. Fazer parte de uma caminhada, do que leva alguém a ver em si potencial, força, capacidade de buscar o extraordinário, de desenvolver uma habilidade, de buscar o novo, de contribuir com o que tem de mais bonito, é parte de quem nós somos. Fazer esse trabalho é uma forma de buscar a nossa realização pessoal, e é daí que vem muita energia pra contribuir com as jornadas individuais e coletivas do nosso time.

No que resulta toda essa dedicação

No capítulo oito contamos a história do nosso primeiro planejamento, e como foi desafiador, com críticas duras da liderança global. Tanto nós duas como o nosso time de liderança do Brasil temos todos sido expostos a muitas situações como essa, onde temos que tomar decisões críticas para o negócio, e muitas vezes lidando com um tipo de problema pela primeira vez.

Temos apoio do time de liderança global e de muitos especialistas e parceiros, mas no final das contas nós somos as pessoas mais próximas e com mais contexto do nosso negócio, e por isso tomamos as decisões necessárias – temos responsabilidade por todo o negócio ao mesmo tempo que temos muita autonomia para geri-lo.

Todo esse contexto gera oportunidades de aprendizado rápido. Experimentamos muito, mantemos um olho próximo dos resultados e ajustamos rapidamente sempre que é preciso mudar.

Pouco mais de um ano depois de uma reunião operacional de planejamento difícil, tivemos outro encontro com líderes globais para discutir, desta vez, não só o planejamento de curto prazo, mas também a visão de futuro do Brasil e da América Latina, nossa estratégia para os próximos 5 anos e seus principais temas.

Nossas visões, conhecimento do negócio, resultados e planos estavam maduros e muito consistentes. Tínhamos uma história muito bem-sucedida do último ano e planos ousados e inovadores para o futuro. Ouvimos muitas contribuições para a melhoria e o refinamento desses planos, e fizemos ajustes, mas de forma muito mais estruturada. E ouvimos um feedback que tocou fundo no coração: nossas líderes globais estavam impressionadas com a sintonia do time, com o alinhamento de todas nós, como cada uma conhecia a área das demais e como os planos de cada setor sustentavam uma visão comum.

Quando cada uma coloca a sua identidade e a sua paixão como parte de um time, de uma visão coletiva, os resultados obtidos são de uma grandeza incomum!

No best seller *The Five Dysfunctions of a Team* (As Cinco Disfunções de um Time), Patrick Lencioni, autor renomado que se concentra na área de liderança e saúde organizacional, diz: "Não são as finanças. Não é a estratégia. Não é a tecnologia. É o trabalho em time que continua sendo a maior vantagem competitiva, tanto porque é tão poderoso quanto porque é tão raro."

Capítulo 4

A base da produção de pensamento

"O PASSADO É UMA ROUPA QUE NÃO NOS SERVE MAIS."

Belchior, cantor.

Manifesto Ágil é uma descrição de valores e princípios que guiam uma abordagem de desenvolvimento de software *centrada em pessoas*. Foi criado em 2001 por 17 profissionais do mundo inteiro que se reuniram pra discutir melhores formas de trabalho. Esse conjunto de valores e princípios levou o mercado de desenvolvimento de software para uma nova era, e inspirou a adoção das práticas ágeis em muitas outras esferas, de marketing a gestão.

Os valores da ThoughtWorks são diretamente alinhados aos do Manifesto Ágil. Dois dos seus criadores – Jim Highsmith e Martin Fowler – trabalham na empresa desde aquela época até hoje. Ou seja, nossa comunidade de tecnologistas abraça os princípios integralmente. São eles:

- *Indivíduos e interações são mais importantes que processos e ferramentas*
- *Software em funcionamento é mais importante que documentação abrangente*
- *Colaboração com o cliente é mais importante que negociação de contratos*
- *Responder a mudanças é mais importante que seguir um plano*

Na nossa prática interna, os times compartilham todas as responsabilidades, se reúnem diariamente, observam o andamento do trabalho, falam sobre desafios, bloqueios, erros, lições, necessidades do cliente e *do time* e resolvem juntos o melhor a fazer. Todas as pessoas são responsáveis pelo andamento do projeto, coordenação de atividades, métricas de entrega, etc. Por um lado, isso faz com que um grupo de pessoas esteja genuinamente compartilhando, o que leva a diversos aprendizados coletivos e criação de uma cultura forte. Por outro, é preciso comparti-lhar tudo. O desafio é: como construir coletivamente sem perder a força individual?

"Depois de mais de 10 anos no mercado, chegar nos meus primei-ros projetos na ThoughtWorks foi desafiador. Queria entender as expec-tativas do meu papel de analista de negócios, só que era pra eu "cons-truir o papel e descobrir como deveria ser naquele projeto". Organizava as necessidades das clientes (coisa que já fazia há muitos anos) e outras pessoas do time reescreviam tudo o que eu definia "porque eu não sabia escrever histórias da melhor forma". Queria conduzir discussões sobre como o produto deveria ser mas sempre tinha alguém que "conhecia melhor a dinâmica de interação com a cliente". Com o tempo, aprendi que precisava ler o contexto, propor a minha forma de atuação e validar com todas as demais (isso era "definir o papel como deveria ser naquele projeto"), que precisava definir as necessidades dos clientes em conjun-to, com clientes e time. E os meus times aprenderam que a técnica era secundária à real compreensão das necessidades das clientes, e que eu também tinha coisas a ensinar em função da minha experiência.

Aprendemos. Assim mesmo, no plural."

Carol Cintra

Marta Saft, diretora jurídica e de recrutamento da ThoughtWorks, em sua publicação sobre *A aplicação de princípios ágeis à gestão e o pa-pel do departamento jurídico*, argumenta que o cenário de negócios da atualidade demanda modelos de gestão alinhados aos princípios ágeis: abertura e resposta rápida à mudança, priorização da entrega de valor, "foco em pessoas criando ambientes de trabalho mais estimulantes, im-pulsionando performance e gerando bem-estar". Assim, princípios ágeis também são utilizados fora do mercado da tecnologia, porque faz sentido com este *agora*, onde a mudança é equivalente ao bater das asas de uma borboleta. E pode ser tão avassalador e capaz de modificar o entorno quanto esse gesto natural. Há 15 anos os projetos ainda eram envolvidos em cascatas, ou seja, as etapas aconteciam uma após a outra, invariavelmente, muitas vezes por equipes distintas. Agora, o produto ou serviço pode ser desenvolvido coletivamente e aperfeiçoado depois de ser lançado a partir de feedbacks reais de clientes e usuários. É uma inovação nos processos, não nos serviços/produtos finais, que resulta em aperfeiçoamento constante, equipe responsiva e prazos reais.

Nossa liderança em dupla, por exemplo, é semelhante à prática ágil de programação em par: uma desenvolvedora dirige, usa o teclado e escreve o código; outra desenvolvedora observa o que está sendo criado, e assim pensa sobre impactos, possíveis problemas, outras formas de obter o mesmo resultado, como testar o código, etc. E elas conversam sobre tudo isso e trocam de papel constantemente. Essa prática garante maior qualidade de código, uma solução superior (já que nasce da experiência de ambas), promove o aprendizado entre a dupla e a sua comunicação e ensina a prática da escuta ativa.

Claro que isso traz algumas discussões, desafios inéditos, alguns cansaços, vez em quando – por exemplo, parece mil vezes melhor apenas seguir o primeiro instinto antes de conversar longamente sobre ele. No entanto, também traz reflexões mais profundas, soma experiências, possibilita troca de conhecimento e resulta em uma gestão mais sólida do negócio, já que torna possível a criação de uma visão coletiva superior a qualquer objetivo que possa ser alcançado de modo solitário.

Pode apostar.

PRÁTICAS ÁGEIS

Conjunto de movimentos
pensados e executados
para entrega rápida e
de alta qualidade.

Toda cultura está em movimento

Entender que cultura não é estática, que é preciso aceitar o diferente e integrá-lo ao que já existe, e aceitar que, por mais especial que a forma de trabalho de uma empresa seja, mesmo assim pode e deve evoluir.

Na época em que Carol era Gerente Geral do escritório de Porto Alegre e Gabi era Diretora de Justiça Social e Econômica da ThoughtWorks Brasil, a liderança da empresa fez uma reflexão profunda sobre o quanto a nossa cultura corporativa estava sendo excludente. Nossa cultura já tinha aspectos muitos positivos como paixão por tecnologia, abertura pra aprender, vontade de crescer e de servir a clientes com excelência. Sentíamos que ainda havia barreiras pra sermos um lugar mais diverso e inclusivo. Trabalhamos juntas pela primeira vez e, ao lado de outras pessoas, refletimos. Sobre privilégio, preconceito, justiça, inclusão, coletivo. Foi preciso repensar nossos processos: marketing, recrutamento, revisões salariais, desenvolvimento de lideranças. Revisar nosso olhar pra tudo isso.

Destes momentos difíceis e da celebração de desenhar um caminho que ainda tem muito a melhorar, mas que representa muito da visão de mundo que buscamos, nasceu uma parceria sólida e muito bonita.

Esta aqui.

A base da produção de pensamento

Capítulo 5

Juntas

"MEDO É NECESSÁRIO, FAZ SENTIDO. SÓ NÃO DÁ PRA TER MEDO DE TER MEDO, PARALISAR E DEIXAR AS HISTÓRIAS PASSAREM SEM ENCONTRAR QUEM AS CONTE. FICAR ESCONDIDO ATRÁS DE UM COMPUTADOR, ACHANDO QUE O FATO DE ESCOLHER EM QUE MUNDO VIRTUAL ENTRAR, QUANDO SAIR, QUAIS E-MAILS RESPONDER E QUAIS DELETAR É TER A VIDA SOB CONTROLE CONFIGURA, TALVEZ, A GRANDE ILUSÃO CONTEMPORÂNEA. POR MAIS QUE VOCÊ ESCOLHA NÃO VIVER, A VIDA TE AGARRA EM ALGUMA ESQUINA. O MELHOR É LOGO SE LAMBUZAR NELA, ENFIAR O PÉ NA JACA, ENLAMEAR OS SAPATOS. SE QUISER UM CONSELHO, VÁ. VÁ COM MEDO, APESAR DO MEDO. SE ATIRE. SE QUISER OUTRO, NÃO HÁ COMO VIVER SEM PECADO. ENTÃO, FAÇA UM FAVOR A SI MESMO: PEQUE SEMPRE PELO EXCESSO."

Eliane Brum - no livro *A Vida que Ninguém Vê*. Ed. Arquipélago.

Em 2015 fomos surpreendidas pelo convite de assumir o papel de Managing Director da ThoughtWorks Brasil, em outras palavras, diretoras-presidentes. Juntas. Isso acontece mais em países que atendem diferentes mercados. Por exemplo: a China atende o mercado chinês e também Estados Unidos e Austrália. A Índia atende seu próprio mercado, alguns países da Europa e Estados Unidos. Aqui no Brasil, atendemos o mercado brasileiro, a América Latina como um todo e clientes estadounidenses. Isso faz com que exista uma complexidade de operações e um número grande de pessoas diretamente ligadas a elas.

"Na época, a Carol era gerente do escritório de Porto Alegre e nós trabalhávamos já bem próximas – em iniciativas mas também já nos apoiávamos muito em dilemas e problemas que cada uma vivia. O convite me pegou totalmente de surpresa, eu disse que precisava pensar. Falei com a Carol. Estávamos lidando com essa novidade cada uma à sua maneira, mas uma coisa tínhamos em comum: só íamos fazer se fosse juntas. E assim foi: topamos construir esse caminho juntas."

"Com muito tempo de carreira e uma gestão de escritório que eu sabia ter muitas conquistas, eu me sentia muito confortável no time de liderança e sabia que poderia apoiar a execução dos nossos planos ousados, e a busca da nossa visão de futuro. Mas pensar que eu seria uma das pessoas definindo aquela visão, o último ponto de responsabilidade pelo negócio, pelo serviço feito aos nossos clientes, pela inspiração da nossa gente, aí já parecia mesmo surreal! Lembro que respondi que entendia e apoiava muito o nome da Gabi pro papel, mas tinha dúvidas sobre o meu.

Depois de horas de conversa, eu já estava pensando que talvez essa ideia prestasse. E aí falamos sobre a Gabi, e eu pensei que, se tinha uma pessoa com quem eu pensava que faria sentido dividir essa aventura louca, era com ela. Disse que, se ela aceitasse, eu aceitaria. Aí liguei pra ela – que tinha dito a mesma coisa!"

Na ThoughtWorks, temos outros casos de liderança compartilhada. Inclusive conversamos com muitas pessoas que tinham essa experiência quando estávamos tentando entender como faríamos a coisa funcionar. Depois de muitas conversas descobrimos que:
1) cada dupla tinha uma dinâmica completamente diferente, o que funcionava pra algumas pessoas não funcionava pra outras;
2) teríamos que testar e ir descobrindo o que funcionaria pra nós, não havia uma fórmula pra seguir.

De tudo o que ouvimos, o que ressoou o tempo todo foi uma frase que ao ser dita pareceu a mais simples:

"O mais importante é vocês conseguirem falar as coisas uma à outra. O resto é experimentar."

Síndrome da impostora

Muito já se escreveu sobre o que ficou conhecido como a *síndrome da impostora*. Isso acontece quando uma pessoa acha que as suas conquistas, realizações, as coisas pelas quais é admirada se devem à sorte, às circunstâncias, a um alinhamento randômico de planetas que resultou em estar em um lugar de destaque. Essa pessoa acredita que até construiu coisas importantes, depois de muito esforço, mas que, se as pessoas prestarem bastante atenção, vão perceber que o mundo conspirou pra ela ser reconhecida como especial e ela na verdade não sabe tudo isso, não é tudo isso, não consegue tudo isso. Na verdade, ela é uma impostora, e está sempre prestes a ser desmascarada.

Isso acontece, em especial, com pessoas pertencentes a grupos minorizados, inclusive com mulheres em posição de poder – em indústrias variadas, no entretenimento, na política, na direção de empresas. Em um mundo que, via de regra, exclui as mulheres de espaços de poder e, muitas vezes, credita essa exclusão à falta de capacidade, é comum sustentarmos essa ideia de que isso não nos pertence e podemos ser descobertas no "lugar errado" a qualquer momento.

Um exemplo disso acontece quando convidamos alguém para tomar uma posição de liderança, como por exemplo a gerência de um escritório ou a representação de uma comunidade de prática. Mesmo quando foram surpreendidos pelo convite, a maioria dos homens fez perguntas sobre expectativas, objetivos, forma de trabalho, próximos passos. As mulheres fizeram perguntas como: *Mas o que te faz pensar que eu posso fazer isso? Vocês sabem que eu não domino o assunto X e o Y, né? Vocês sabem que eu nunca trabalhei nessa área? Olha, não fui só eu que tive os êxitos da minha área, é que eu tenho um time muito bom! Vocês sabem que eu estou grávida?*

Importante dizer que a expressão parece ser exclusivamente feminina. No entanto, é humana. Uma pessoa que não se ajusta aos modelos mais presentes nos espaços que ocupa pode se sentir assim.

Por isso mesmo, entender este padrão deveria ajudar muita gente a superar esses pensamentos sabotadores que nos fazem usar uma energia muito grande para compensar inseguranças.

A consciência sobre um problema é, em geral, um passo na direção da sua solução. Nesse sentido, era de se esperar que o conhecimento difundido sobre o fenômeno da síndrome de impostora fizesse com que todas as pessoas percebessem o que acontece e, com isso, a crise de legitimidade diminuísse. Contudo, pensamos que todos esses artigos, entrevistas e conversas sobre esse tema não têm ajudado tanto quanto gostaríamos. É por isso que nós não gostamos muito de usar essa expressão – síndrome de impostora – mesmo quando estamos discutindo os padrões que a definem.

Isso porque, com tudo o que se tem lido até agora, o problema é creditado às pessoas individualmente, e não ao ambiente que gera esse comportamento. Ou seja, quem se sente impostora é considerada insegura, como se essa fosse apenas uma característica sua e não ampliada pelo ambiente à sua volta. Com isso, geralmente toma um entre dois caminhos: ou segue sofrendo e creditando todas as suas dificuldades a este diagnóstico, ou decide que tem que lidar com isso sozinha, sem apoio da organização.

Vamos mudar isso juntas?

———O Quem a sente usa a consciência do problema para entender que não está onde está por mero acaso e que deve questionar seus sentimentos de ilegitimidade confrontando-os com fatos que justificam o lugar que ocupa. Por exemplo: ao me sentir uma impostora, eu devo analisar as conquistas de carreira que me fazem uma candidata interessante para dirigir a organização, considerando que esse sentimento pode ter origem no fato de que o meu perfil não é o usual entre pessoas executivas.

———O A organização, ciente da síndrome de impostora, deve criar processos, estruturas de apoio e argumentos que minimizem a probabilidade de sentimentos de falta de legitimidade entre as pessoas que a lideram. Por exemplo: ao convidar alguém para ser gerente de um escritório, listar todas as características, ações e resultados que a fazem uma candidata apropriada.

Sugestão de leitura:
Women Rising: The Unseen Barriers
Harvard Business Review
Herminia Ibarra, Robin Ely, e Deborah Kolb
Setembro 2013

Processo Decisório

Normalmente, quando falamos que somos duas diretoras-presidentes na empresa, muitas perguntas surgem. A mais recorrente é: "Mas como vocês decidem as coisas?". E essa é uma questão bem interessante mesmo.

No início do nosso trabalho em dupla decidimos fazer tudo juntas. Então toda decisão que tomávamos era feita pelas duas. Obviamente isso não é sustentável ao longo do tempo (seria difícil ser eficiente na tomada de decisão se precisássemos estar juntas para decidir qualquer coisa), mas decidimos fazer isso por um mês para inclusive entendermos que tipos de decisões tomaríamos no dia a dia.

Depois de um mês fazendo tudo juntas, começamos a pensar em como poderíamos dividir o trabalho – e consequentemente as decisões. Entendemos que algumas decisões tomaríamos sozinhas, outras tomaríamos sozinhas mas comunicaríamos a outra o quanto antes, e outras decisões deveriam ser tomadas pelas duas.

Num geral, pesamos três coisas para entender onde uma decisão se encaixa:

- curto versus longo prazo
- amplitude de impacto
- urgência de resposta

O diagrama abaixo ilustra um pouco do processo:

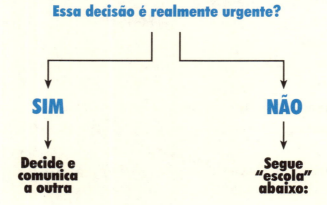

Mesmo que você não tenha um par, vale a pena parar e pensar em como você toma decisões. Quanto tempo investe em cada tipo de decisão, quais são suas prioridades e um balanço do impacto daquela decisão. Por vezes colocamos tempo demais em decisões que têm um impacto pequeno e acabamos ficando sem tempo para as decisões que impactam no longo prazo e diversas áreas da organização. Reflita sobre o seu processo decisório e encontre um modelo que funcione pra você. Isso vai te ajudar a colocar mais tempo e energia no que é mais prioritário e importante.

No início do trabalho em dupla, decidimos que diariamente falaríamos uma com a outra. Temos uma hora por dia separada para conversarmos, especialmente sobre decisões que precisamos tomar ou que tomamos. Nas sextas-feiras separamos nossas tardes para estarmos juntas pensando em questões mais de médio e longo prazo – já que nesses encontros diários em geral acabamos falando mais sobre questões que surgem, ou seja, sobre como respondemos a demandas existentes do que sobre o que queremos criar no longo prazo. E sentimos que criar esse espaço para pensarmos no futuro era muito importante.

O fato de passarmos tanto tempo falando uma com a outra gera espanto em algumas pessoas. Pra nós, faz muito sentido. Ouvimos muitas vezes coisas como: "Nossa, como você já sabe disso? Contei isso pra Gabi ontem."

Em uma liderança compartilhada, esse sentimento de que estamos as duas na mesma página é importante. A gente sempre se preocupou em não criar uma dinâmica em que as pessoas tivessem retornos diferentes dependendo de com quem falassem. É óbvio que não pensamos exatamente a mesma coisa sempre – ainda bem, né? Mas sentimos que um alinhamento em termos de direcionamento e de decisões é muito importante.

Tomar decisões em dupla ajuda a pensar no processo decisório como um todo. Nós tomamos decisões o tempo inteiro, e quando isso não impacta diretamente no trabalho de outra pessoa às vezes não somos tão conscientes com relação ao investimento de tempo necessário para cada decisão.

Além disso, nas decisões que resolvemos tomar juntas temos a sensação de que elas acabam tendo muito mais qualidade do que quando decidimos sozinhas. Acabamos sempre tendo um contraponto, uma visão diferente para balancear e uma nova perspectiva para olhar pra um problema. No nosso caso, sentimos que os nossos backgrounds diferentes tornam a decisão ainda mais rica.

Divergência de Visões

Uma questão que percebemos ser importante para que de fato nossas visões diferentes se tornassem uma vantagem e não um problema foi a de construirmos uma relação entre nós duas em que pudéssemos enxergar os pontos fortes uma da outra. Valorizar, em especial, nossas diferenças. Isso pode soar simples, mas sentimos que é mesmo uma construção, pra que se possa olhar pra alguém que faz algo de um jeito muito diferente do nosso e enxergar nisso uma força e não um problema (enxergar que existem outros olhares além do nosso, e não um certo e um errado).

Acreditamos que isso exige certa humildade, pra entender que não temos sempre a melhor solução ou resposta. Pra analisar muitas vezes nossas próprias convicções. E se você consegue fazer isso, sem dúvida crescerá muito.

Na prática, algumas coisas que nos ajudaram nessa jornada:

O Reconhecer a divergência: falar abertamente que as visões são divergentes e conversar a partir desse entendimento. Discordar não é feio, não deve ser escondido ou ignorado. Pode ser o ponto de partida pra conversas superimportantes.

──O Abrir mão da sensação de que sua resposta é a melhor. É sempre mais simples tomar decisões sozinha, mas esse exercício de tomar decisões conjuntas traz muitos benefícios, inclusive pra interação com outras pessoas. Enxergar que podem sempre existir outras soluções e respostas é valioso pra todas as relações.

──O Transparência e sinceridade: parece óbvio, mas infelizmente não é. Por algum motivo tendemos a ser pouco sinceros em muitas situações de trabalho. E ser sincero e transparente sobre o que se pensa e sente é o único jeito real de poder construir algo em conjunto.

──O Reconhecer que divergir é incômodo: as práticas acima falam sobre como divergir é natural e necessário, como inspira soluções melhores e como é preciso ser sincera sobre pensar diferente. Isso não faz com que seja fácil. É possível que você pense que uma conversa será rápida e simples, apenas uma confirmação da ação que lhe parece mais indicada, e descobre que existem inúmeras outras opiniões e pontos de vista. Sua visão não era a única, e muitas vezes a decisão será por outro caminho – às vezes é frustrante, precisa paciência, disposição. Reconhecer isso, às vezes até como parte da conversa, ajuda a tomar decisões melhores – e mais colaborativas – com todas as outras pessoas com quem trabalhamos.

Capítulo 6

A humanidade das coisas

"UM NAVIO NO PORTO ESTÁ SEGURO, MAS NÃO É PARA ISSO QUE OS NAVIOS SÃO FEITOS. VÁ PARA O MAR ABERTO PARA FAZER NOVAS COISAS."

Grace Hopper, mãe das linguagens de programação.

Uma sociedade dividida entre patrões e trabalhadores não é a sociedade em que a gente acredita, é a que vivemos. Enquanto lutamos pra mudar isso, o que dá pra fazer dada essa realidade?

A primeira coisa é entender que todo mundo é gente.

E aí podemos falar aquelas expressões bonitas: uma liderança mais humana. Humanização de áreas. A Natália Menhem, cientista social, poeta e diretora de marketing aqui da ThoughtWorks, nos ensinou a estranhar essas expressões. Afinal, negócios são feitos por pessoas. Parece óbvio? Não é.

A verdade é que se passou muito tempo investindo em um esforço de *desumanização* do trabalho. Com a Revolução Industrial, o trabalho deixou de ser feito por um artesão que entende o processo inteiro do que está criando e passou a ser feito em fábricas, seguindo linhas de montagem, onde cada trabalhador está cada vez mais focado em um único aspecto do produto sendo criado.

Com todas as mudanças estruturais que vivemos desde então e seus impactos em como nós vivemos, nos relacionamos, percebemos e criamos valor, muitas pessoas ainda enxergam o trabalho usando as lentes da produção em série do século XIX. Fala-se em separar a vida pessoal da profissional, em ter assuntos e roupas apropriados para o trabalho, nos limites do que pode ser compartilhado entre colegas sobre a identidade de cada um – como se vestir um *tailleur* em tons pastel ajudasse a buscar excelência em serviços num mundo hiperconectado às necessidades de clientes cada vez mais diversas. Tem startup focada em inovação que proíbe conversas sobre política. Tem empresa que bloqueia redes sociais, tem líder que manda mensagem no WhatsApp a uma hora da manhã porque "é a minha hora de produzir mais".

E, mesmo sendo bem óbvio, é sempre bom lembrar: pessoas são pessoas. Com individualidades, necessidades e sonhos. Infelizmente, ainda (até quando?) as transformamos em máquinas. Calculamos quantos parafusos uma pessoa consegue apertar por hora. Calculamos a rentabilidade disso. E pronto: taí um negócio que enriquece seu dono. Não importa quem é a pessoa que está ali. Importa isto: quantos parafusos ela consegue apertar por hora.

O mundo mudou muito desde a terceira Revolução Industrial, mas a mentalidade segue a mesma em muitos aspectos. Segue-se buscando pessoas que façam o que têm que fazer e vão embora. E que não faltem. E que não tragam problemas de casa pro trabalho. E pronto. E aí a gente nega não só que as pessoas têm uma vida, mas nega que cada ser humano traz uma infinidade de conhecimentos e potencialidades consigo – sejam eles de vida ou técnicos mesmo.

Essa estrutura do funcionário-robô ainda é superdifícil de romper, primeiro porque é uma ruptura no modelo de trabalho fundamental, e segundo porque esse é um modelo muito rentável – que ajuda a manter 8 pessoas tendo a mesma riqueza que a metade mais pobre do mundo (quase 4 bilhões de pessoas – sim, isso é sério).

Integralidade

Na ThoughtWorks, nós não separamos identidade e trabalho. Por aqui, buscamos trabalhar a integralidade. Ou seja, reconhecemos – em palavras e ações – que uma pessoa existe inteira, integral, onde quer que vá – tanto no almoço de domingo quanto na reunião diária do projeto às 10 da manhã.

Pessoas com histórias de vida diferentes trazem pra discussão, no ambiente de trabalho, suas visões de mundo, suas críticas e desconfortos – falamos em política, música, privilégio, futebol, história.

"Por mais sedutor que o exemplo da máquina possa ser para a produção industrial, organizações humanas não são máquinas e as pessoas não são peças de uma engrenagem. Seres humanos têm valores, sentimentos, percepções, opiniões, motivações e histórias de vida, ao passo que engrenagens e rodas dentadas não os têm. Uma empresa não é a instalação física dentro da qual opera; é a rede de pessoas que nela atua."

KEN ROBINSON, CONSULTOR INTERNACIONAL EM EDUCAÇÃO E ARTE.

A única restrição é que todas devem buscar a construção de um ambiente justo e inclusivo, que quebra os padrões sociais de exclusão de grupos historicamente discriminados e oprimidos.

No livro *Reinventando as organizações*, Frederic Laloux fala sobre o quanto as organizações do nosso tempo estão fora de sintonia com a nossa sociedade – são lugares com lutas e jogos de poder no topo da hierarquia e total falta de poder e influência para quem está na base, ambientes hostis, cheios de burocracia e falta de cooperação, que as pessoas toleram por necessidade enquanto se esgotam ao longo dos dias.

É por isso que há tanto desengajamento entre funcionários e organizações, não só no mundo corporativo, mas também em escolas, hospitais e organizações não governamentais.

Laloux descreve os padrões que ele identificou em organizações que estão redefinindo estruturas e formas de gestão e assim geram ambientes de trabalho mais autênticos, com propósitos que trazem mais sentido para cada uma, e que incluem um senso de comunidade e de coletivo muito mais presente do que o status quo das organizações a que estamos acostumadas. Essas novas formas de estrutura e gestão fazem com que o potencial de cada pessoa seja aproveitado ao máximo, e com isso os resultados obtidos são impressionantes em diversas perspectivas diferentes – inclusive os resultados financeiros.

Uma das grandes inovações deste novo padrão de organização é a integralidade.

A sociedade como um todo se acostumou a usar uma máscara quando está no trabalho, uma persona diferente do seu eu verdadeiro – com roupas, atitudes, interesses, tom de voz, expressões que se convencionaram próprias para o trabalho. A integralidade prega desfazer essa máscara e trazer o eu verdadeiro de cada uma para a organização. Abraçar a integralidade cria uma realidade que não é padronizada, inautêntica e estéril, e propicia a cada pessoa viver o seu potencial por inteiro. No coletivo, o ambiente de trabalho promove uma interconexão maior entre as pessoas, mais colaboração, mais criatividade, o encorajamento de novas ideias e iniciativas muito mais amplas. E tudo isso traz resultados extraordinários para essas organizações.

Ambientes de trabalho têm, tradicionalmente, encorajado pessoas a comparecer com o seu eu "profissional" e deixar todas as outras partes de si do lado de fora da porta. Eles frequentemente nos exigem mostrar uma tenacidade masculina, exibir determinação e força, e esconder dúvidas e vulnerabilidade. A racionalidade impera: o eu emocional, intuitivo e espiritual são tipicamente indesejados, deslocados. O que nos faz deixar tanto da nossa individualidade pra trás quando vamos ao trabalho? Há uma conspiração de medos em ação que envolve funcionários tanto quanto envolve suas organizações. As organizações têm medo de que, se as pessoas trouxerem por inteiro ao trabalho – seus humores, peculiaridades, roupas de final de semana – as coisas rapidamente chegarão em uma bagunça. [...] Funcionários, por sua parte, têm medo de que, se vierem por inteiro com tudo o que são, podem se expor ao criticismo e ao ridículo e parecer estranhos ou deslocados. É considerado bem melhor manter-se seguro e esconder seu eu por trás de uma máscara profissional. Coisas extraordinárias passam a acontecer quando nós ousamos trazer tudo o que somos para o trabalho. Cada vez que deixamos uma parte de nós pra trás, nós nos separamos de parte do nosso potencial, da nossa criatividade e energia. Não é de se surpreender que muitos ambientes de trabalho parecem sem vida. Na integralidade, nós somos cheios de vida. Descobrimos com admiração quanto mais vida existe em nós do que jamais imaginávamos. Em nossas relações com colegas, muito do que fazia o ambiente de trabalho desagradável desaparece; o trabalho se torna um veículo onde ajudamos uns aos outros a revelar a nossa grandeza interior e manifestar o nosso chamado.

Esse anseio por integralidade está em discordância com a separação que a maioria dos ambientes de trabalho promove, mesmo que inconscientemente – enfatizar o ego e o racional enquanto nega o espiritual e emocional; separar pessoas com base nos departamentos em que trabalham, seu cargo, sua origem, ou seu nível de performance; separar o profissional do pessoal; separar a organização de seus competidores e do ecossistema em que ela se insere. O vocabulário que usamos é frequentemente revelador: em organizações, geralmente falamos sobre 'equilíbrio entre vida e trabalho', uma noção que mostra quão pouca vida ainda existe no trabalho quando nos separamos de tanta coisa que realmente importa.

Frederic Laloux, *pesquisador de modelos organizacionais emergentes e autor do livro Reinventando as organizações.*

Seguir a integralidade resulta em um ambiente de trabalho mais autêntico, e com isso mais diverso. Intuitivamente, pode parecer que um ambiente mais diverso resulta automaticamente em mais tolerância, em visões mais abrangentes de mundo. Mas o que acontece é, na verdade, bem diferente; em função de perspectivas diferentes sobre o mundo, há muito mais conflito presente.

Para superar, autoconhecimento. Não há nada mais importante do que buscar conhecer as suas características e, a partir do que encontrar, entender o que elas trazem de bom para você e para o todo, bem como aceitar e lidar com os lados negativos delas. Não existe pessoa perfeita – como já falamos lá em cima – e lidar com isso, com nossos defeitos e virtudes, é imprescindível quando você está tentando liderar uma empresa fora do tradicional "comando e controle".

Porque cada ser humano é um mundo. Conhecê-lo é importante pra vida e pode ser muito relevante pro que você traz pro trabalho também.

Às vezes se coloca um tempo enorme tentando entender o outro e pouquíssimo tempo buscando entender a si.

Se olhar no espelho, sem máscaras sociais, por dentro e por fora, é um caminho individual, intransferível, não linear e vitalício. Aqui, reunimos algumas possibilidades pessoais. Algumas podem parecer quase óbvias. No entanto, veja bem, será que você já colocou em prática?

——O Terapia

——O Diárias ou sequenciais práticas meditativas.

——O Atividades manuais. Vale desenhar, pintar, fazer um curso de cerâmica ou dobrar papéis até completar 1.000 tsurus e conquistar um milagre. O que importa é lembrar que suas mãos criam vida.

——O Dançar, correr, se colocar em movimento.

——O Viajar só.

——O Escrever. Diários, cartas, postais pra quem está bem perto. De vez em quando, apenas por escrito é possível dar palavras aos sentimentos.

——O Coaching

——O Fazer testes de personalidade. Existem inúmeros na internet, em livros e através do trabalho de coaches. Aqui, reunimos alguns com perguntas sobre suas preferências, atitudes, expectativas e visões sobre si e sobre as demais. Todos podem ser feitos a sós. Você e você. No entanto, se for possível ter seus resultados analisados por uma especialista, poderá identificar aspectos mais profundos. E engrandecedores.

——O *Myers-Briggs Type Indicator (MBTI)*: Depois que você responde diversas perguntas de múltipla escolha, a avaliação do MBTI indica as suas preferências em quatro áreas de personalidade:

———O Como você direciona e recebe energia: interagindo com as pessoas à sua volta e tomando ações ou olhando pra dentro de você e refletindo sobre suas ideias e experiências (*extraversion* ou *introversion*).

———O Como você recebe informações: através dos seus cinco sentidos ou olhando para relacionamentos e padrões (*sensing* ou *intuition*).

———O Como você decide ou tira conclusões: analisando situações logicamente ou considerando o que é importante para as pessoas envolvidas (*thinking* ou *feeling*).

———O Como você lida com o mundo exterior: de forma planejada e organizada ou de forma flexível e espontânea (*judging* ou *perceiving*).

As preferências de uma pessoa a classificam em um dos 16 tipos de personalidade do MBTI. Entender a sua personalidade ajuda a interpretar situações, entender o que você valoriza, o que você pode trazer em uma discussão e quais são seus desafios. Tudo isso te ajuda a compreender a melhor forma de agir e como contribuir.

———O ***Predictive Index (PI)***: As características de personalidade avaliadas no PI são:

———O Dominância: o quanto você tenta controlar o ambiente.

———O Extroversão: o quanto você busca interação social com outras pessoas.

———O Paciência: o quanto você procura consistência e estabilidade no seu ambiente.

———O Formalidade: o quanto você tenta se ajustar a regras sociais e estruturas.

Além disso, o PI considera três visões diferentes: a sua personalidade essencial, o que você pensa que as outras pessoas esperam de você e como você se ajusta às expectativas das outras.

———O **Strengths Finder (Clifton Strengths)**: O método está descrito no livro escrito por Tom Rath e apoiado pela consultoria Gallup. Após responder ao questionário, você fica sabendo as suas cinco maiores forças, dentro de uma lista de dezenas de forças como comunicação, organização, criatividade, entre muitas outras. Uma grande sacada deste método é reconhecer que, enquanto costumamos dedicar muito tempo para desenvolver um aspecto em que nos consideramos fracos (os nossos *gaps*), geralmente colocamos bem menos esforço em melhorar aquilo no que somos excelentes – e fazer isso gera resultados muito mais interessantes.

———O **Belbin**: O legal do Belbin é que é uma ferramenta pra analisar comportamentos levando em conta o time. Cada pessoa avalia a si mesma e mais outras pessoas do time. Assim, o seu relatório tem a sua autopercepção em comparação com a percepção das outras pessoas sobre você. A proposta deste método é a de que as pessoas tendem a assumir diferentes papéis predefinidos em um time (*coordenador, especialista, teamworker, avaliador*, etc.). O relatório mostra o quanto você assume de cada um dos nove papéis predefinidos na sua opinião, na opinião do seu time e na junção dessas duas perspectivas. É interessante observar as surpresas e as confirmações que você tem analisando essas múltiplas perspectivas.

Importante:

Nenhuma das ferramentas é livre de críticas, e não acreditamos que qualquer relatório produzido define uma pessoa completamente. Mas nos reconhecemos em várias das observações recebidas em nossos próprios relatórios, e achamos que algumas tendências apontadas combinam com o que ouvimos de nossas colegas, familiares e clientes, além de nos trazerem perspectivas sobre o nosso comportamento que nos ajudam a refletir sobre nossa atuação e, com isso, evoluirmos.

Capítulo 7

Ambiente diverso é ambiente de inclusão

"A SENHORA ME DESCULPE, MAS NO MOMENTO NÃO TENHO MUITA CERTEZA. QUER DIZER, EU SEI QUEM EU ERA QUANDO ACORDEI HOJE DE MANHÃ, MAS JÁ MUDEI UMA PORÇÃO DE VEZES DESDE QUE ISSO ACONTECEU. RECEIO QUE NÃO POSSA ME EXPLICAR, DONA LAGARTA, PORQUE É JUSTAMENTE AÍ QUE ESTÁ O PROBLEMA. POSSO EXPLICAR UMA PORÇÃO DE COISAS MAS NÃO POSSO EXPLICAR A MIM MESMA…"

Trecho do livro Alice no País das Maravilhas, de Lewis Carroll.

> Olhe ao seu redor. As pessoas que trabalham na sua empresa representam, em algum nível, a demografia do seu país? Olhando crachás, escritórios e eventos corporativos, você consegue dizer onde está?

Beber na fonte da diversidade é a solução para os nossos problemas de baixa reserva de talentos (*short talent pool*) e para uma representação real dos interesses da sociedade no mercado de trabalho. Além de ser a coisa certa a ser feita, porque não fazer isso é se mostrar ok com a exclusão de grande parte da população. Vamos encontrar essas pessoas em diversos grupos historicamente oprimidos: mulheres, pessoas negras, gays, lésbicas, bissexuais, transexuais, pessoas com deficiências.

Acontece que apenas trazer essa diversidade pra organização não basta.

É preciso tornar possível a total contribuição de todas as pessoas.

Como?

Pra começar, reconhecendo o que é privilégio. A escritora Cris Lisbôa disse que "uma pessoa privilegiada acredita que algo não é um problema só porque nunca aconteceu com ela". Ou seja, se você é de um determinado grupo, acredita que todas as pessoas têm espaço e incentivo para dar o seu melhor, afinal, é isso que dá resultados. Só que não é bem assim.

Por exemplo, se você é branco, pode passar uma vida inteira sem acreditar que racismo existe. Isso porque você, obviamente, não sofre racismo.

A filósofa Djamila Ribeiro diz: "Na verdade, o racismo é um elemento estruturante, ou seja, ele estrutura todas as relações sociais no Brasil. Mas a gente não encara esse assunto da maneira como deveria. Até hoje, se vemos algum caso de racismo, por exemplo, com um artista, as pessoas acham que é um caso isolado, acham que o racismo se resume somente às ofensas e não percebem que o racismo é um sistema opressor que nega direitos a um determinado grupo conferindo privilégios a outro."

Enquanto milhares de pessoas negras vivenciam o genocídio da população negra no país (atualmente, de cada 100 pessoas assassinadas no Brasil, 71 são negras, de acordo com o Atlas da Violência 2017, lançado pelo Instituto de Pesquisa Econômica Aplicada – Ipea – e pelo Fórum Brasileiro de Segurança Pública) muitas pessoas brancas não enxergam isso – por não viverem esse problema e não fazerem o mínimo, que é poder enxergar o mundo que existe fora da sua realidade/vivência.

Já se você é um homem trabalhando em um time de projeto de tecnologia, pode terminar esse projeto pensando que o crédito pela liderança técnica do projeto foi dado a todas as pessoas do time que contribuíram com ideias-chave para o mesmo. É possível que sua colega mulher, que teve uma participação determinante na solução do projeto, não tenha sido reconhecida por todas as suas ideias simplesmente porque o comportamento da nossa sociedade machista instituiu a crença de que as ideias revolucionárias da tecnologia são creditadas a homens – e é difícil perceber isso quando não é você quem foi desacreditado.

E, assim, poderíamos listar várias outras situações em que o privilégio dá as cartas. Quando toda pessoa que ingressa numa organização deve fazer parte, deve ser ouvida, deve ter oportunidades de aprendizado e crescimento, deve enxergar-se em suas líderes. E o problema aqui não está centrado em perspectiva, desenvolvimento pessoal, confiança (embora todas essas coisas sejam importantes), e sim na criação de um ambiente que sustente esses objetivos. Taise Assis, tecnologista e grande lutadora contra a opressão na área de tecnologia, diz que quando pessoas que usualmente são excluídas passam a ocupar lugares de destaque e de poder, o status quo esperneia, mesmo que não esteja consciente da razão.

Você concorda?

A gente fala sim. E ao mesmo tempo.

Acreditamos que pessoas genuinamente bem-intencionadas, que respeitam os demais e querem construir juntas, quando perdem seus privilégios frente aos demais sentem um grande desconforto. Demora um tempo e muitas conversas pra que esse fenômeno seja compreendido integralmente.

Essas conversas que criticam o mundo como sempre foi, que expõem o privilégio e questionam o lugar ocupado pelos bem-intencionados, que dão voz a quem esteve calado por tanto tempo, são fortes, difíceis, delicadas. E tão necessárias.

Você já assistiu ao filme "Estrelas além do tempo"? Esse filme contou a história de três das diversas mulheres negras que trabalharam na NASA durante o período da corrida espacial. Biamichelle Miranda e Roselma Mendes, ambas tecnologistas e feministas, que nos ensinam muito todos os dias, indagam: "A história é prova viva de que as mulheres foram e são fundamentais para os mais importantes avanços científicos e tecnológicos da humanidade. Por que, então, a regra geral é associar perfis e estereótipos masculinos a essas áreas de conhecimento?".

A gente passa a vida toda ouvindo que homens são bons com números e mulheres são boas com pessoas, mas a primeira pessoa a programar no mundo foi uma mulher – Ada Lovelace (maravilhosa!). E por mais que todos esses fatos sejam trazidos para o debate de forma recorrente, ainda presenciamos, por exemplo, as dificuldades que uma mulher passa para ser aceita em um meio técnico. Ainda presenciamos inúmeras piadas homofóbicas, produtos criados que perpetuam o racismo, presenciamos a dificuldade de alocar um desenvolvedor surdo em um projeto. E isso mostra que mudar o mundo do jeito que ele sempre foi é um desafio muito grande.

Quando pensamos em times, obviamente pensamos também nessa pluralidade que existe em cada ser humano. Não adianta pensarmos em uma composição diversa de times, ou trazermos pessoas interessantes pra empresa se elas sentirem que precisam seguir um protocolo capaz de minar suas características pessoais.

O conceito de cultivo

Do livro *Uma alternativa à reengenharia*, de William Schneider, é um conceito de desenvolvimento que se baseia na realização do potencial de cada pessoa.

Hoje em dia tem-se falado bastante sobre cultura organizacional. Cada vez mais se tem discutido sobre que cultura se constrói em uma empresa, ao invés de simplesmente ir criando políticas e vendo no que dá. William Schneider é autor de alguns livros sobre o tema, e ele defende que a cultura da empresa deve estar ligada com a proposta de valor que a empresa entrega para seus clientes/consumidores.

Vale lembrar, aqui, que valor é diferente do produto que você vende. Com as rápidas mudanças do mercado (e do mundo!) o produto que você vende pode mudar, evoluir, expandir inúmeras vezes. Por isso, acaba sendo cada mais relevante pensar em que valor você quer trazer pro seu

consumidor. Nessa questão, a Lego é uma empresa que usou dessa menta-
lidade e cresceu muito com isso. A Lego antes era vista como uma empresa
que vendia conjuntos de blocos de montar. Quando passaram a pensar em
valor, ao invés de produto, passaram a pensar em entretenimento como
um todo, fazendo filmes, parques e diferentes coleções de brinquedos. O
valor que a empresa leva é o entretenimento, a diversão. Os blocos em si
são apenas um como, que pode mudar constantemente.

Cultivo significa: como contratamos, estruturamos, implementa-
mos, recompensamos e desenvolvemos quem trabalha conosco. É sobre
o modo como fazemos as coisas.

"Cultura não é uma compilação de valores individuais de pessoas."

Schneider defende que, dependendo do valor que você quer en-
tregar pros seus consumidores, uma cultura diferente deve ser criada e
mantida. A partir de quatro tipos fundamentais de empresas/organiza-
ções, divididas de acordo com a promessa que fazem aos seus clientes:

———O Customizada. Vende serviços que precisam se adaptar de acordo
com diferentes clientes. Como a IDEO, empresa internacional de design
e consultoria em inovação.

———O Previsível e Confiável. Precisam passar uma sensação de segurança, como: SpaceX, empresa estadunidense de sistemas aeroespaciais
e de serviços de transporte espacial.

———O Enobrecimento. Associações em geral e empresas cuja existência
é destinada para algo além de resultados corporativos/lucro. Como ONGs.

———O Líderes de mercado. Empresas que são referência nas áreas em que atuam. Como Apple.

De acordo com Schneider, as combinações que melhor funcionam pra cada tipo seriam:

———O Customizada: Cultura de Colaboração.
———O Previsível e Confiável: Cultura de Controle.
———O Líderes de mercado: Cultura de Competência (Expertise).
———O Enobrecimento: Cultura de Cultivo.

É importante ressaltar que as empresas usualmente são uma mistura de algumas delas.

Quando falamos de empresas cujo valor é previsível e confiável, por exemplo, as decisões precisam ser feitas rapidamente e com base em dados. Se um foguete é lançado e um problema acontece, não vamos juntar um número de pessoas e esperar que cheguem em um consenso ou a uma forma totalmente inovadora de resolver o problema. Empresas assim, como a SpaceX, terão uma pessoa especializada e responsável por resolver um problema dessa natureza – que tomará a decisão que será executada pelo restante do time.

Quando falamos de empresas "líderes de mercado", falamos de uma forte cultura de competência, onde trabalham as pessoas com mais especialização no ramo da empresa. Pessoas que têm muitos anos de experiência em uma questão específica, que terão objetivos bastante específicos do que precisam alcançar. Existe uma visão de longo prazo muito concreta, que será organizada em objetivos atingíveis em médio e longo prazo. "Siga o plano".

Nós lemos a ThoughtWorks como uma mistura de customizada e *enrichment*. Nós criamos software customizado que atende às demandas específicas dos nossos clientes, e temos a missão de melhorar a humanidade através do software e ajudar a gerar a criação de um ecossistema socialmente responsável e economicamente justo.

Com isso, passamos – para além da colaboração, que sempre foi muito valorizada dentro da empresa (até por ter muito a ver com Métodos Ágeis) – a pensar em cultivo. O que isso significou para nós:

——O Para além de um departamento de RH, entender que as pessoas são responsáveis pela sua jornada e por apoiar as outras pessoas nas suas próprias.

Não temos carreiras predefinidas únicas que cada pessoa deva escolher e seguir. Ninguém irá definir para você qual o seu próximo passo. Existe um incentivo pra que as pessoas desenvolvam habilidades de coaching e que usem de sua experiência para apoiar outras pessoas em suas respectivas jornadas. Assim, tenho alguém que passou por desafios parecidos com o meu me apoiando na construção dos meus próximos passos – e sei que a responsabilidade por pensar no que quero construir na empresa é minha.

Seguindo o princípio da integralidade, o caminho de cada pessoa é definido de acordo com suas particularidades e não como mais uma peça anônima em uma engrenagem padrão.

——O Para além de uma chefe determinando salários, as pessoas envolvidas no dia a dia e no crescimento das demais, entendendo juntas as remunerações devidas.

O processo de remuneração é algo muito importante. É a forma como a empresa reforça diferentes contribuições e ações. Remunerar é uma forma de reconhecer, e, na nossa visão, devem-se reconhecer as atitudes e contribuições que queremos ver mais frequentes na empresa.

Nosso processo já passou por muitas mudanças ao longo dos anos. Anualmente, todas as pessoas da empresa passam por um processo de rever, avaliar e entender seu crescimento naquele ano e um aumento de remuneração acompanhará, ou não, aquele crescimento.

A forma como fazemos hoje (que possivelmente já pode ter mudado quando você estiver lendo este livro, já que é um processo em contínua evolução) envolve: as pessoas que mais trabalharam com você no seu dia a dia durante aquele ano específico, uma pessoa representando cada um dos nossos pilares (falamos sobre isso no primeiro capítulo) e mais uma ou duas lideranças formais do escritório, que buscam trazer uma padronização mínima pra como as avaliações são feitas.

Existe um valor específico de quanto podemos aumentar a nossa folha de pagamentos, então todos os aumentos devem caber nesse valor. A partir daí, são feitas inúmeras reuniões onde se conversa sobre as contribuições da pessoa em cada pilar, contribuição para o cliente e contribuição no desenvolvimento de outras pessoas (que indiretamente é também uma contribuição para as nossas clientes).

——O Para além de ligar crescimento de carreira a cargos, criar jornadas de carreiras que se adaptem às paixões de cada uma.

Cada escritório tem uma pessoa que auxilia na construção de objetivos para todas as demais, levando em conta os desejos das pessoas e as necessidades da empresa – a *Parceira ou Parceiro de Pessoas*. Essa parceira, além de ser responsável por auxiliar no cultivo da cultura que queremos criar, por estar atenta ao clima dos escritórios e por apoiar e guiar as revisões salariais, também auxilia neste balanço: como entendemos a paixão de cada pessoa e ligamos isso aos objetivos e necessidades do negócio. Isso não é algo simples, e estamos todo dia tentando evoluir mais.

Além da Parceira de Pessoas, você também vai escolher alguém para te acompanhar e auxiliar na jornada da empresa, alguém que tenha foco em você individualmente, e apoie as suas reflexões.

————O Para além de uma chefe para definir a direção e cobrar os resultados, líderes que criam uma visão que será traduzida para o dia a dia dos times através de uma leitura conjunta e coletiva de cada equipe.

É importante que esteja visível pras pessoas o porquê de elas estarem fazendo o que fazem. Como o que faço se encaixa no todo? O que se busca alcançar com o meu trabalho? O que queremos ter conquistado em 5 anos? Como isso impacta a direção da minha carreira?

Essas são perguntas feitas constantemente e muito importantes na criação de uma visão mais sistêmica, onde penso no meu impacto no todo e entendo que faço parte de um coletivo e consigo enxergar o valor que o meu trabalho cria, não só um fragmento de algo intangível.

————O Para além de controle do que tem sido feito por cada pessoa, autonomia e responsabilidade pelos resultados.

Os times são responsáveis por trazer valor para o cliente, mas a forma como farão isso será decidida pelo próprio time. Temos diferentes formas de trabalhar, que serão utilizadas e adaptadas de acordo com a necessidade de cada cliente. Somente uma equipe que vive o dia a dia de uma entrega pode determinar qual é a ferramenta mais adequada.

Esses são alguns exemplos. E essas são coisas que nos empenhamos pra construir. Não queremos dar a impressão de que tudo funciona perfeitamente. Sempre erramos, aprendemos, mudamos e melhoramos.

O desafio não é simples e no nosso caso exige: muitas conversas com os diferentes escritórios para compartilhar nossas visões e coletar as impressões/vivências do dia a dia; identificar em processo seletivo se uma pessoa candidata irá contribuir pra cultura que queremos criar; todas as pessoas da empresa comprometidas com sua evolução constante.

Outras visões sobre cultivo:

"Cultivar e apoiar é sobre criar espaço para que as pessoas aconteçam, de formas diversas e necessárias. Sem padrão e sem caixinhas. Cultivation é sobre empatia, empatia é sobre conexão, conexão é sobre genuinamente se importar com as pessoas, e se importar é sobre humanizar, construir e perceber sentido naquilo que somos e fazemos."

Grazielle Mendes, Parceira de Pessoas do escritório de Belo Horizonte

"A cultura de cultivo é a expressão mais genuína de confiança nas pessoas. É reconhecer que cada uma é única e que o coletivo se fortalece quando se acolhe e respeita as diferenças. Cultivar não é sobre ensinar, é sobre aprender a aprender. É criar espaço para que relações de apoio se estabeleçam, e, neste lugar, não importa quem sabe mais ou menos, já que o crescimento se dá na troca. É sobre olhar para o lado e sentir que você não está sozinha, mesmo sabendo que a jornada é longa."

Ana Paula Machado, Parceira de Pessoas
do escritório de São Paulo

Capítulo 8

Um passo que deu errado

"QUEM NÃO SE MOVE, NÃO SENTÉ AS CORRENTES."

Rosa Luxemburgo, revolucionária marxista.

> **Assumimos o papel de diretoras-presidentes na época do planejamento anual, que é quando uma empresa revê os planos para o próximo ano e avalia os desafios, objetivos e investimentos de curto e longo prazo que quer fazer.**

Além da nossa transição, outros papéis do time de liderança também foram renovados, e tínhamos um time com algumas pessoas novas, algumas pessoas antigas em novos papéis, novas líderes e uma nova visão de futuro para criar juntas.

Ou seja: muitas pessoas aprendendo a fazer seus novos papéis, um time em criação e um planejamento anual pra ser feito.

Depois de duas semanas, submetemos os planos para o Brasil à direção da organização e tivemos uma reunião presencial com todo o time de gestão operacional global. Começamos a reunião falando um pouco de macroeconomia – sempre um assunto interessante no Brasil. O terceiro slide mostrava como iríamos ultrapassar o crescimento de receita requisitado pela empresa no país, mas ao mesmo tempo diminuir o crescimento do lucro – o que era uma evolução péssima para o negócio no Brasil. Tínhamos muitas justificativas para isso, e por isso achamos que nosso plano estava correto e era o melhor que podíamos fazer.

Hoje a gente sabe que aquele plano era bastante questionável, já que desenhava um futuro ruim para a empresa no Brasil. As críticas vieram em maremoto, em tsunami. Ouvimos frustradas mas com muita atenção. Quando a reunião acabou, tínhamos uma lista avassaladora de alterações, contexto, correlações, e a tarefa de atualizar os planos em tempo limitado.

Pausa para reconhecer um dos inúmeros erros deste caminho: nesses 3 anos na direção da ThoughtWorks Brasil, a gente acertou em muita coisa. E, sim, a gente também errou bastante! E como diz a máxima do ensino, aprendemos nesses dois momentos – provavelmente ainda mais com os erros do que com os acertos. Construir um plano financeiro que crescia de forma considerável em receita mas retrocedia acentuadamente em lucro, com as condições que nós tínhamos, foi um erro. É preciso reconhecê-lo, dimensioná-lo, e começar a consertar. A única forma de não errar é não fazer nada. O objetivo não é a garantia absoluta da ausência de erros, mas sim a minimização do impacto e a busca da correção de curso.

Voltando à nossa história, a reunião acabou ao meio-dia, e às 19 horas nós abriríamos o encontro anual da empresa – um misto de celebração de resultados, reforço de valores e visão do futuro. Éramos as novas líderes do Brasil, e este seria o nosso primeiro grande evento, o início da nossa marca de liderança. Sentamos em uma sala, exaustas e decepcionadas, e nos prometemos que a reunião de planejamento do ano seguinte seria muito diferente!

E começamos o que se tornaria um hábito da nossa atuação. Começamos por nós.

Nos ouvimos, nos entendemos, relembramos as nossas forças e conquistas, analisamos a situação, reconhecemos nossas limitações circunstanciais e nosso conhecimento perene.

Depois pensamos no time.

Precisávamos provar que poderíamos lidar com esse desafio, tanto nós duas como todas as pessoas do nosso time. Precisávamos mostrar que tínhamos, todas nós, conhecimento sólido que tornaria possível repensar nosso planejamento. Precisávamos compartilhar as inúmeras conquistas que já tínhamos atingido no Brasil. Fizemos isso por meio de nossa fala de abertura no evento. Falamos de conquistas, de forças, do quanto crescemos, dos desafios que vencemos, do impacto que tivemos em nossos clientes, nas comunidades técnicas, nas parcerias com organizações sociais.

Depois do evento, repensamos nossos objetivos, refizemos nossos cálculos, pedimos ajuda. Usamos as informações que aprendemos na reunião, validamos nossas premissas e objetivos com o time global em reuniões menores e focadas. Compartilhamos nossos medos, nossas incertezas, construímos conhecimento como equipe a partir de tudo isso.

Nada une tanto um time quanto trabalhar junto em um momento de crise com uma postura aberta e construtiva, focada no objetivo coletivo. E dar a volta na crise reforça a confiança na habilidade do grupo. Isso ficou muito cristalino quando refinamos nosso plano, executamos e vimos os resultados sólidos gerados no nosso negócio.

Capítulo 9

O que aprendi

"A DIFERENÇA ENTRE O CONSOLO E O CUIDADO E CARINHO É A SEGUINTE: SE VOCÊ TEM UMA PLANTA QUE ESTÁ DOENTE PORQUE VOCÊ A MANTÉM NUM ARMÁRIO ESCURO E VOCÊ LHE DIZ PALAVRAS TRANQUILIZADORAS, ISSO É CONSOLO. SE VOCÊ TIRA A PLANTA DO ARMÁRIO E A PÕE AO SOL, LHE DÁ ALGO PARA BEBER E DEPOIS CONVERSA COM ELA, ISSO É CARINHO E CUIDADO."

Clarissa Pinkola Estés, escritora e psicanalista.

Gabi

Esses três anos me trouxeram muitos aprendizados, pessoal e profissionalmente. Muitos deles aprendi errando mesmo. Com erros, aprendizados e novas tentativas. Vou compartilhar aqui cinco dos principais.

1. Existe um balanço importante entre não precisar agradar todo mundo o tempo todo e querer ser sempre melhor (pra si, pros outros e pro mundo)

Por muitas questões, inclusive de história pessoal, sempre busquei agradar todo mundo. Por trás das minhas ações usualmente tinha uma busca por aprovação. Eu tinha uma autoestima baixa, então precisava de aprovação externa, pois não conseguia simplesmente aprovar a mim mesma.

Acho que chega um momento na vida em que você percebe que essa busca externa por autoestima é em vão. Pra mim sinto que ele aconteceu quando comecei a desempenhar esse papel. E isso foi muito importante: parar de me cobrar para ser unanimidade. Não foi algo que aconteceu sozinho, mas tomar decisões que impactam o dia a dia de mais de 600 pessoas acelerou o processo.

Não querer agradar todo mundo o tempo todo é diferente de não dar importância pras pessoas. E esse é um balanço importante: tentar melhorar sempre, buscar aprender com os erros e se desenvolver – mas entendendo que, não importa o que você faça, algumas pessoas irão desaprovar. E essa "desaprovação" não faz de você uma pessoa "ruim".

2. Paciência é ouro

Cada vez mais tenho tirado tempo pra me observar. Entendi que isso é parte importante do autoconhecimento. Perceber minhas sensações e sentimentos em diferentes situações. E me dei conta de como consigo ser mais paciente quando estou bem e descansada.

E percebi também que ser paciente muda completamente a forma como lido com os problemas. Eu sou uma pessoa bem impaciente, então fui tendo que descobrir formas de exercitar essa habilidade, e os ganhos disso têm sido imensos.

3. Limitar o quanto de trabalho está em andamento

Parece óbvio, mas na prática isso é bem difícil.

Entender que focar no que é realmente necessário, medir os resultados e replanejar é mais importante do que completar um monte de tarefas em um dia.

Eu sempre fui uma pessoa muito de execução, e até hoje acho isso bem poderoso, mas essa combinação entre executar mas ter sempre em mente o objetivo maior é muito importante.

Como consta no Manifesto Ágil: **Simplicidade: a arte de maximizar a quantidade de trabalho que não precisou ser feito.**

4. Pesar o micro e o macro, o curto e o longo prazo

Pensar nos impactos do que você está fazendo em um aspecto mais amplo, bem como em um prazo mais longo, é muito importante. Acho que o natural é focarmos no micro (tarefas que podemos fazer do início ao fim e cujo impacto podemos mensurar) e no curto prazo (podemos ver os resultados quase que imediatamente).

Isso faz com que se deixe de trabalhar em coisas muito importantes. Muitas vezes uma decisão que é ótima pro curto prazo é terrível pro longo. Acho que investimentos de marketing são um bom exemplo disso. Alguns deles vão te trazer resultado mais imediato, mas nem por isso são mais importantes que investimentos que trarão retorno mais tardio.

5. Como disse o Mujica: Os afetos. Ter tempo para cultivar os afetos

Uma coisa importante que aprendi errando foi que arrumar tempo pros teus afetos é muito importante. Às vezes o trabalho era tão interessante que eu deixei tomar conta de quase 100% da minha vida. Depois de um tempo percebi como me fazia falta estar rodeada das pessoas que amo, passar tempo sozinha e fazer coisas que me alegram.

Gabi

Carol
O que eu aprendi nestes 3 anos?

1. Resultado financeiro é uma métrica indiscutível

Na jornada de uma executiva, há muitos resultados discutíveis. *Será que uma decisão tomada foi a melhor possível? Será que o ganho obtido com uma iniciativa foi o ideal? Sinto que estou dedicando muito tempo ao apoio do meu time porque isso vai impulsionar o negócio, mas parece que todos pensam que faço isso porque gosto e não porque é necessário (e eu gosto mesmo!).*

Me debati muito com essas questões e com o sentimento de que poderia não ser reconhecida pelas conquistas que eu trouxe à organização. O que eu sempre usei como referência foi que queria atingir os objetivos mantendo a identidade da organização. Queria crescer as métricas de receita, de lucro, de número de pessoas, versatilidade do negócio, amplitude de portfólio, sempre mantendo o balanço dos 3 pilares da organização – negócio sustentável, excelência técnica e busca de mudança social positiva.

Aprendi que o resultado financeiro é uma métrica incontestável – e amplamente reconhecida, tanto interna quanto externamente.

2. O coletivo é imbatível

Sozinha eu vou mais rápido, mas juntas vamos mais longe. Não sei de onde saiu esse ditado, mas como ele é verdadeiro! Dá muito trabalho compartilhar contexto, comunicar cenários, explicar situações e riscos. Dá muito trabalho construir soluções com mais pessoas, delegar, usar os pensamentos de muitas pessoas pra tomar uma decisão. E, claro, a construção coletiva tem limites e não é a resposta para todas as situações.

Mas, se eu já tinha algumas pistas de que o coletivo é criativo, capaz, cheio de possibilidades, aprendi que ele é imbatível! É preciso investir na capacitação do time mais do que em resolver os problemas sozinha. É preciso acreditar que as melhores soluções não são pensadas apenas em mesas de diretoria, mas sim em todos os cantos da organização.

Em um dado momento, estávamos buscando novas formas de reconhecer o progresso das pessoas – queríamos uma avaliação de desempenho mais sintonizada com nossos valores. Depois de muito pensar, levamos o assunto para o encontro anual da empresa e convidamos todas as pessoas que quisessem participar a definir o novo processo. O resultado foi um processo que inclui representantes não só da liderança formal de uma pessoa, mas também outras pessoas do time, do escritório, representantes de áreas diferentes que enxergam múltiplas perspectivas de crescimento – um processo muito mais interessante do que um grupo restrito com visão limitada poderia ter criado!

3. Definir limites de trabalho não significa abrir mão de resultados

Em um cotidiano cada vez mais dinâmico, com mais e-mails do que é possível responder, mais pedidos de reuniões do que horas no dia, mais iniciativas do que é possível desenvolver, é fácil criar uma rotina insana, com demandas infinitas e nenhum tempo pra desconectar. E essa rotina tem um preço e um impacto, muitas vezes devastadores.

Eu tenho visto na rotina de muitas pessoas, inclusive na minha, uma dificuldade muito grande de estabelecer limites, de priorizar de verdade – o que não é aprender a colocar ordem em uma lista crescente de pendências, mas sim escolher coisas das quais é preciso desistir, abrir mão. Confesso que essa dificuldade ainda está aqui, no meu dia a dia, e ainda suga muito da minha energia. Mas tenho aprendido a lidar com ela, a escolher o que não fazer, a dizer que hoje chega, que não vou fazer esta viagem, que não vou participar daquela reunião. Eu tinha a impressão de que fazer isso me forçaria a abrir mão de grandes objetivos e resultados. Mas percebi que, na verdade, pra atingir grandes resultados é imprescindível abrir mão de muita coisa.

Quando a Gabi e eu percebemos que estávamos investindo tempo demais resolvendo problemas urgentes e tempo nenhum definindo como buscar nossos objetivos futuros de negócio, decidimos que passaríamos todas as sextas-feiras à tarde discutindo exclusivamente assuntos de longo prazo. Parecia impossível, e levou algum tempo até que realmente conseguíssemos desconectar dos problemas do dia para nos concentrarmos em visões de futuro e estratégias de mudança que só trariam benefícios depois de mais tempo. Perdemos algumas oportunidades, deixamos de participar de várias decisões, faltamos a eventos, respondemos a menos pedidos. E, no final, criamos uma visão de futuro, definimos temas estratégicos, planejamos configurações de time, construímos uma forma de trabalho ideal. E só conseguimos isso por ter criado limites de disponibilidade.

Carol

CARTA ÀS EXECUTIVAS (CAROL)

"Você deve agir como se fosse possível transformar radicalmente o mundo. E você deve fazer isso o tempo todo."

Abrimos este livro com o texto acima, da Angela Davis, e é assim que eu quero fechar os meus conselhos às mulheres que estão escrevendo a narrativa de negócios do futuro.

Eu acredito no amor e na determinação pra resolver todos os problemas do mundo. E não estou falando daquele amor romântico, livre de conflito e cheio de idealizações; tampouco de ter uma atitude complacente, conformada, que aceita qualquer decepção em nome do amor.

Estou falando da mais profunda conexão entre as pessoas, de acreditar genuinamente que cada uma faz o melhor que pode, e que dar espaço, confiança e autonomia às pessoas, sem deixar de cobrar delas a responsabilidade sobre seus compromissos, traz resultados avassaladores!

Eu vejo o nosso tempo com um desconforto doído frente a tantas desigualdades e injustiças. Eu tenho ânsia de discutir mudanças mais ousadas em todos os nossos sistemas. Tenho ânsia de ver, nas mesas de discussão determinantes do futuro, mulheres, pessoas negras, gays, lésbicas, bissexuais, transexuais, pessoas com deficiências (ou, como seria mais próprio dizer, pessoas com as quais o ambiente é deficiente), pessoas do lado de baixo da linha do Equador (da metade Sul do mundo – latino-americanos, indianos, chineses, africanos...).

Eu costumava pensar que todo esse amor e todos esses anseios não tinham lugar em um ambiente executivo, na liderança de empresas. E enquanto eu tentava entender como mudar pra encaixar a minha persona em uma narrativa de negócios executiva, descobri que não era a minha persona que tinha que mudar, e sim a narrativa de negócios do nosso tempo.

Às vezes precisamos aprender a nos adaptar, a lidar com ambientes difíceis, a plantar um caminho de influência, a conquistar pequenas vitórias e seguir passo a passo rumo à mudança.

E às vezes é preciso fazer a revolução – colocar abaixo, derrubar tudo e fazer diferente.

A todas vocês, líderes e executivas do nosso tempo, este é o meu singelo conselho e o meu maior desejo: ajam como se fosse possível transformar radicalmente o mundo, e façam isso todos os dias!

Cresçam a sua compreensão do mundo ouvindo as vozes caladas e excluídas da nossa era e dos nossos espaços.

Não se conformem com o que a nós se apresenta como o esperado. Construam uma jornada consistente com as suas crenças, com os seus anseios, com os seus aprendizados.

Escrevam livros, deem entrevistas, publiquem artigos, contem suas jornadas profissionais e suas histórias de vida. É passada a hora de dar um fim ao apagamento forçado da participação das mulheres na história do mundo. Precisamos das suas histórias como referência pra criar um futuro mais conectado aos anseios da humanidade.

"Você deve agir como se fosse possível transformar radicalmente o mundo. E você deve fazer isso o tempo todo."

CARTA ÀS EXECUTIVAS (GABI)

Existe uma dor que assola meu peito, todos os dias. Às vezes quando acordo, outras antes de dormir, às vezes surge quando me deparo com algo ou alguém ao longo do dia. Por mais que pareça poético, não acho isso bonito. Mas é um sentimento que não consigo mudar. Todos os dias. Está ali. É uma dor que me acompanha. Que me dói, mas que me move.

Vivemos em uma sociedade extremamente desigual. Felizmente muitas das desigualdades sociais que vivemos passaram a ser mais faladas e expostas nos últimos tempos, mas infelizmente elas ainda estão *muito* longe de serem resolvidas.

Vivemos em uma sociedade desigual – em todos os aspectos. E enxergar o mundo através da nossa vivência – acreditando que essa é a realidade de todas e todos, é um jeito de simplesmente ignorar a realidade.

Trabalho com tecnologia e enxergo um potencial enorme de transformação dentro dela. Mas o que vejo é que ela tem sido usada como ferramenta para criação de mais e mais desigualdade. Estamos automatizando o status quo ao invés de mudá-lo.

Quando a internet surgiu, achávamos que ela iria democratizar o acesso à informação. Estudar, aprender e praticar se tornaria algo gratuito. O que vemos hoje é que 4 bilhões de pessoas ainda não têm acesso a ela. E com isso, criamos um grupo de pessoas que, através da internet (ou com ajuda dela), pôde se tornar extremamente especializado, enquanto a outra metade do mundo, ainda desconectada, ficasse ainda mais longe na concorrência por um emprego ou por uma vaga de estudo. Um estudo do Banco Mundial propõe que a internet tem um papel importante no aumento da desigualdade econômica que temos vivido ao longo dos últimos anos.

Eu não digo isso querendo trazer más notícias, mas apenas para que possamos sair da nossa vivência do dia a dia e enxergar o todo. Como vive uma pessoa sem internet? Sem água? Sem luz?

Vou trazer só mais alguns dados. Prometo que são importantes:

Oito pessoas possuem a mesma riqueza que os 50% mais pobres da população mundial. Todos são donos de grandes empresas, com inúmeros funcionários que trabalham pra eles e criando essa riqueza. Mas que não ficaram milionários.

De acordo com a Oxfam, o patrimônio acumulado do 1% mais rico do mundo ultrapassou os outros 99%. Ainda de acordo com eles, um diretor executivo de qualquer empresa do índice FTSE-100 ganha o mesmo em um ano que 10.000 pessoas que trabalham em fábricas em Bangladesh.

Uma pesquisa do Thomas Piketty revela que, nos últimos 30 anos, a renda dos 50% mais pobres permaneceu inalterada, enquanto a do 1% mais rico aumentou 300%.

Mesmo que em alguns lugares do mundo tenhamos avançado na luta contra a pobreza, a desigualdade econômica segue aumentando (inclusive nesses lugares).

E a desigualdade econômica torna a mobilidade social quase impossível. De acordo com Eduardo Salgado, em matéria para a Exame, quem nasce na base da pirâmide social nos Estados Unidos tem cerca de 40% de chance de permanecer por lá. Ele coloca também que filhos de médicos, advogados, engenheiros e administradores têm 12 vezes mais chances de serem médicos, advogados, engenheiros e administradores do que o filho de uma empregada doméstica.

Para mim, esse dado já é muito duro por si só. Mas vamos colocar uma camada extra nisso tudo: vivemos em uma sociedade que se diz meritocrática. Enquanto dizemos para as pessoas que elas devem se esforçar e que por isso serão recompensadas, temos um sistema brutal que favorece alguns e prejudica (muitos) outros.

Por que você está onde você está?

Quando estudamos história, a gente sempre vê coisas que pra nós parecem absurdas e nos perguntamos: "nossa, como ninguém nunca fez nada?", "como achavam isso normal?". Eu não tenho dúvidas de que os livros de história (se ainda existirem hehe) da nossa época provocarão essa reação nas gerações vindouras.

Como olhamos pra tudo isso e simplesmente deixamos passar?

Eu honestamente não sei. Mas sei que precisamos encarar as realidades que por vezes não nos alcançam. Não é porque não as vivemos que podemos não enxergá-las.

Eu tatuei as palavras *utopia* e *coragem*. Utopia porque, como contou Galeano, "A utopia está lá no horizonte. Me aproximo dois passos, ela se afasta dois passos. Caminho dez passos e o horizonte corre dez passos. Por mais que eu caminhe, jamais alcançarei. Para que serve a utopia? Serve para isso: para que eu não deixe de caminhar.". E coragem pra, mesmo levando uma vida confortável, não me omitir diante do mundo em que vivemos. Pra me desafiar a fazer o que está ao meu alcance – não só como indivíduo mas como parte de um coletivo que vai muito além de mim e do que consigo enxergar.

Como disse Olga Benário:

"Em momentos difíceis é preciso pensar em alguma coisa bonita". Por isso escrevo. Não por achar que tenho algo de mais valioso que qualquer outra pessoa pra compartilhar, mas na esperança de que algo da minha dor ou felicidade toque alguém — como muitos escritores já me tocaram.

Peraí

Ainda não acabou

MERECES LO QUE SUEÑAS

Enquanto escrevíamos este livro, várias mudanças aconteciam em paralelo, especialmente dentro de mim. E por isso, este capítulo secreto. Um capítulo escrito em um documento separado, a que ninguém tinha acesso. Porque o fim da nossa dupla ainda era assunto confidencial.

Não faz muito tempo, vi uma imagem da escola livre *Go, writers* que dizia: *mereces lo que sueñas*. Virou a imagem de proteção de tela do meu celular. Porque sempre esqueço disso: do que eu sonho. Me parece meio bobo de dizer. Talvez esse seja o problema.

Ser diretora-presidente de uma empresa nunca foi meu sonho. Foi uma oportunidade incrível que apareceu e que me ensinou. Imensamente. Minhas dúvidas sobre aceitar ou não o convite nunca foram de ordem pessoal. Eram sobre minha capacidade. "Será que consigo fazer isso? Serei um fracasso, vou virar uma piada". Mas eu pouco pensei se era isso que eu queria pra mim. Não pensei sobre o que eu teria que abrir mão pra desempenhar esse papel, sobre meus objetivos pessoais de médio ou longo prazo.

E quando a gente não se pergunta isso, acaba deixando na mão de terceiros decisões importantes da nossa vida. Nesse caso, tive muita sorte. Foram três anos maravilhosos. Construí coisas bonitas, contribuí pra construção de um negócio muito sólido e adquiri conhecimentos de negócios (nossos e dos nossos clientes) que não imaginava que poderia ser algo que me motivaria tanto.

Chegou uma hora que senti que, por mais maravilhoso que esse papel seja, durante bastante tempo abri mão de coisas que eram importantes para mim. E que todo ano eu repetia pra mim mesma que o ano seguinte seria diferente. E obviamente nunca era. Quer dizer: sempre era diferente, mas nunca mais tranquilo.

Desde que saí da faculdade, passei a amar estudar. Leio bastante, faço cursos, vou a muitos eventos. Sou curiosa e me divirto descobrindo coisas novas. Porém, também desde que saí da faculdade, penso em fazer um mestrado. Não porque sinto que o ensino formal tem mais valor que o informal, mas porque queria muito poder ajudar a produzir conhecimento. Fazer pesquisa, escrever. É algo que tenho muita vontade de construir, mas que nunca priorizei. Tinha a ilusão de que um dia caberia, de que não precisaria abrir mão de nada pra isso. E aí chegou o dia em que, depois de muito tempo, me dei conta de que se eu não fizesse algo teria essa frustração andando sempre comigo.

E aí decidi fazer.

Foram muitos meses de conversa com a Carol sobre isso. Sobre minha descoberta de que meu tempo no papel talvez estivesse se esgotando. De que eu tinha outras coisas pra construir. Como sempre, eu tive MUITO apoio dela. E com esse apoio consegui não só criar a coragem pra mudar, como também pensar bem no caminho a construir pra que isso acontecesse.

A construção desse caminho não foi simples, me permitiu parar e pensar nas coisas que eu tenho de construir.

Senti muito medo de como as pessoas iriam reagir, me senti insegura e fiquei me perguntando como construiria um novo espaço dentro da empresa. Todas as conversas foram muito melhores do que eu poderia imaginar. Falei individualmente com cada pessoa do nosso time. Foram duas semanas intensas, de muitas conversas. E recebi tanto apoio. Só conseguia pensar em como é especial perceber que construímos um time de liderança que é extremamente autocrítico mas que consegue, ao mesmo tempo, se dizer coisas bonitas. Ouvi coisas lindas, sobre tudo que aconteceu até hoje, mas também sobre o que está por vir. Foi um dos momentos mais especiais que já vivi.

Desde o dia em que falei pra Carol que de fato queria mover de papel, eu imaginava como seria contar isso pra todas as pessoas da empresa. Imaginei milhares de vezes esse momento. Sentia que não ia conseguir, que era melhor mandar um e-mail, que ia chorar demais, que não era capaz de fazer isso. Mas eu fui, e também foi muito bonito. Me emocionei muito e tremi de nervoso como há um bom tempo eu não tremia. Mas da forma mais transparente contei dos meus planos, dos meus desejos.

Este livro fala muito sobre novas formas de liderança, e sobre compartilhar decisões e experiências. Fala muito sobre a nossa experiência enquanto dupla. Mas acho que uma das coisas mais importantes é que, SIM, foi muito especial sermos nós duas pareando. Mas o pareamento não é algo que se aplica só a nós. E eu acredito plenamente nisso. Por isso tem sido muito incrível ver a Marta ocupando esse lugar. Trazendo muita experiência, se desafiando, aprendendo. Não tenho dúvidas de que será maravilhoso.

Ao longo dos anos passei a me observar mais e me dei conta de inúmeras coisas. Uma muito relevante foi do quanto me sentir mais segura comigo e com as minhas decisões possibilitou que eu necessitasse de menos aprovação externa. Óbvio que me importo com o que as pessoas têm a me dizer, só filtro mais – e também não me sinto mais um fracasso terrível porque alguém não gostou do que eu fiz. Às vezes aquela pessoa discorda e tudo bem, vivo com isso. Às vezes, eu errei mesmo. E tudo bem também, aprendo e sigo o baile (claro que alguns erros são mais fáceis de aceitar do que outros, mas a gente vai aprendendo).

Quando eu comecei a comunicar esse movimento eu já estava muito segura da minha decisão.

Mesmo assim, óbvio que tive muito receio do que ouviria das pessoas. Meu pai é uma pessoa que sempre se preocupou muito com o meu trabalho, achei que ele desaprovaria. Minha mãe sempre se mostrou muito orgulhosa das minhas conquistas, achei que ela pensaria que enlouqueci. E por aí vai. Tive medo da reação das minhas amigas e da minha família inteira. E tive apoio, muito apoio.

Quando eu era mais nova, uma vez disse pro meu pai que sentia que o estava decepcionando em alguma questão (não lembro exatamente que questão era). Ele me disse que aquilo não era de maneira alguma verdade, mas que tinha esse sentimento o tempo inteiro com relação ao meu vô, que uma vez disse pra ele que às vezes deslocamos as nossas próprias expectativas pros nossos pais. Colocamos neles expectativas que são nossas sobre nós mesmos, e ficamos sempre sentindo que nossos pais estão nos cobrando x ou y.

Eu acho que isso faz muito sentido. Eu mesma tive, por um bom tempo, medo de estar errada ao pensar em mudar de rumos. Porque eu mesma sempre me cobrei muito sobre a minha carreira. Sempre coloquei isso em primeiríssimo lugar, então de início me pareceu absurdo querer, por exemplo, estudar.

Não tenho a menor dúvida de que chegar na liderança de uma multinacional é reflexo de muitos privilégios que tive em toda a minha vida (contei isso lá no início do livro), e que poder fazer essa escolha de mudar é também reflexo disso. Sei que pra algumas pessoas isso é óbvio, mas também sei que pra outras não. Sinto que é válido compartilhar esse outro jeito de enxergar uma carreira, mas não podia deixar de ressaltar que estudar, trabalhar no que se gosta e priorizar desejos é algo impensável pra boa parte da população do Brasil e do mundo.

"Existe uma ligação secreta entre sonho e destino. A estrutura de ambos é feita de pedaços invisíveis do que fomos, somos, seremos, podendo conter beijos imaginários, vitórias não percebidas e pequenos pedaços soltos de solitudes necessárias para o processo de aprendizagem do que se é. Quando por acaso a sorte nos permite percorrer de uma vez só o caminho, tudo brilha. Vês?"

Capítulo Secreto

Carol

Escrever este livro trouxe muitos presentes, e um deles foi a oportunidade de refletir sobre a importância e o significado de ter criado, junto com a Gabi, o nosso jeito de liderar em dupla.

Em cada capítulo, olhamos para como foi construir essa história que teve tanto de nós, dos valores e personalidades de cada uma, dos medos de cada uma, das nossas dificuldades, do nosso crescimento, das nossas forças, do que vimos acontecer com a nossa organização ao longo destes 3 anos como diretoras – e que consideramos um caminho de muito sucesso.

No dia em que escrevíamos as últimas linhas, iniciávamos a transição da Gabi pro próximo papel dela na ThoughtWorks. Ou seja, terminávamos esta jornada da nossa dupla na direção da empresa.

Este é um momento muito intenso. Me sinto nostálgica, saudosa do tempo que passou, de tanto companheirismo, de tanta sintonia. Uma sintonia nascida de muitas conversas, de discussões difíceis, de muita energia investida na construção de uma relação única.

Recentemente nós duas participamos de um painel de discussões, e várias pessoas nos falaram que é muito interessante nos ver respondendo perguntas juntas – olhamos uma para a outra nos mesmos momentos, fazemos comentários do tipo "vou deixar pra ela contar esta parte, porque é uma história muito boa", completamos as frases uma da outra, nos passamos informações apenas com olhares específicos.

Pensei muito sobre como seria mudar essa relação que me ensinou tanto. E sinto doídas algumas perdas: uma dinâmica de trabalho única, corajosa, que dá espaço pro crescimento individual e coletivo, e com resultados comprovados; uma relação profissional franca, aberta, que fez aflorar o melhor de cada uma; a convivência constante com uma das relações pessoais mais fortes que eu já tive.

Ao mesmo tempo, me sinto tão feliz! Vejo a Gabi abraçar planos tão profundamente conectados com a essência de quem ela é. Vejo o tamanho do ganho que ela vai trazer, no seu novo papel, à nossa organização e às pessoas que essa organização toca – nossas clientes e nossa gente. Vejo a coragem que ela teve em ser verdadeira com a jornada que quer seguir, e o cuidado e dedicação que está tendo em fazer essa transição. O carinho em repassar, documentar, ensinar o que ela está deixando e em se preparar para o que está vindo.

A minha preparação pra este próximo passo do caminho é construir uma nova forma de trabalho, uma nova dinâmica, uma nova parceria. Estou vendo o quanto aprendemos como organização sobre ter uma direção em par: ouvir múltiplas perspectivas antes de tomar uma decisão, ouvir opiniões diferentes que se alinham quanto ao resultado final, confiar que a comunicação pode ser feita com uma e chegará à outra. Estou vendo o quanto aprendemos como dupla: como dividir foco sem perder responsabilidade sobre o todo, como criar uma identidade única como líderes, como revisitar a dinâmica de trabalho constantemente buscando a melhor forma de contribuir, como aprender muitas coisas novas e complexas enquanto atuamos, usando o conhecimento de cada uma pra lidar com isso. E estou vendo o quanto eu aprendi: confiar sem restrições, refletir sobre as minhas motivações, dar feedback sincero e constante, falar sobre o que me incomoda mesmo quando o incômodo não é nobre.

Com todo esse aprendizado, estou renovando a minha conexão e compromisso com o meu papel, a minha paixão por dar direção à unidade da ThoughtWorks no Brasil – uma organização que admiro tanto. Sinto uma responsabilidade imensa por ter tanta influência na estratégia que adotamos pra melhorar a humanidade através do software. Buscar pessoas brilhantes, com paixão por tecnologia, por excelência técnica e pela busca de uma mudança social positiva. Construir, com essas pessoas, os caminhos para apoiar as empresas que nos procuram buscando apoio na jornada urgente rumo à transformação dos hábitos e estruturas da sociedade pós-moderna.

Enquanto repenso a forma de dirigir a ThoughtWorks Brasil na companhia de tanta gente boa que atua junto comigo, tenho um apoio sólido, intenso e muito próximo ao coração: a Gabi segue por perto, contribuindo pros mesmos objetivos – embora em uma nova relação, ainda estamos juntas.

Agradecimentos

"Quem estará nas trincheiras ao teu lado?

– E isso importa?

– Mais do que a própria guerra."

Hemingway

Mãe, por ter me permitido ser quem eu sou.

Pai, por acreditar em mim sempre.

Aos meus avós e toda a minha família, por mostrarem que eu nunca estarei só.

Pedro, por partilhar comigo a vida boa, a vida difícil e toda vida que vier.

A todas as minhas camaradas, que me ajudam constantemente a olhar o mundo com lentes de igualdade.

E à Carol, que me ensinou o real significado de compartilhar.

Gabi

Tem coisas que a gente sonha muitas vezes, de muitas formas, e que dão até medo de imaginar possíveis...

Eu paro aqui, realizada e comovida, pra agradecer:

Às pessoas que me ensinaram a sonhar e inspiraram os meus sonhos desde o princípio.

E às pessoas que estiveram por perto, com todo o apoio e carinho que costuram a minha vida.

Vocês são tantas, e tão fortes, e tão importantes, e tão necessárias.

A todas, obrigada.

Em especial, obrigada

Mãe, Niki e Pai

Tchu, Claudia e Iredes

E Gabi – não sei por que mas, depois de ti, meus sonhos tem um quê de revolução...

Carol

"Raros? Teus preclaros amigos. E tu mesmo, raro. Se nas coisas que digo acreditares."

Hilda Hilst, escritora.

Este livro não é fonte de verdade alguma. É um compartilhar, de erros e acertos que fizeram parte do nosso caminho, pra que verdades sejam criadas e re-criadas de acordo com a cabeça e com o olhar de quem por aqui passear.

Ele nasce de uma experiência intensa e da crença de que conhecer essa história pode ser útil a alguém - ou alguéns. Jamais teria virado realidade sem o apoio de quem nos fez acreditar na possibilidade da escrita, e construiu conosco esse caminho.

Cris, tu estás em cada linha. Levamos pras nossas vidas as tuas lições sobre criar sem restrições e sempre com muito amor. Obrigada por ter segurado a nossa mão ao mesmo tempo em que nos fazia voar.

Nat, pelo empurrão e por nos fazer acreditar: em nós mesmas e até no que ainda nem existia. Enxergar em tudo possibilidades e fazer acontecer são só algumas das tuas habilidades fantásticas - que privilégio te ter na nossa jornada!

Gabi & Carol

Todos os direitos autorais desta obra são repassados para o Olabi, uma organização social com foco em trazer diversidade para o campo das inovações, que se define como "um espaço, um conjunto de ferramentas e um sistema para democratizar a produção de tecnologia em busca de um mundo mais justo". Um dos seus projetos principais é a Pretalab, ação que mostra a urgência de incluirmos mais mulheres negras na tecnologia.

**COMPRE UM
·LIVRO·**
doe um livro

Nosso propósito é transformar a vida das pessoas por meio de histórias. Em 2015, nós criamos o programa compre 1 doe 1. Cada vez que você compra um livro na loja virtual da Belas Letras, você está ajudando a mudar o Brasil, doando um outro livro por meio da sua compra. Queremos que até 2020 esses livros cheguem a todos os 5.570 municípios brasileiros.

Conheça o projeto e se junte a essa causa:
www.belasletras.com.br

Este livro foi composto em aller e impresso em papel pólen 90 g pela gráfica Copiart em outubro de 2018.